Irmgard Brottrager

Energiepflanzen

für mein Zuhause

KOSMOS

ENERGIEPFLANZEN
für mein Zuhause

KOSMOS

MIT PFLANZEN LEBEN

das Feinstoffliche

Extra

ZIMMERPFLANZEN
und das Raumklima

Extra

PORTRÄTS
die besten Energiepflanzen

Extra

SERVICE

MIT PFLANZEN LEBEN

Die feinstoffliche Welt

Feinste Gesellschaft
UNSERE PFLANZLICHEN MITBEWOHNER

PFLANZEN SIND DIE GRUNDLAGE ALLEN LEBENS von Mensch und Tier. Die Energie der Pflanzen ist nicht nur unsere Nahrungsquelle, sondern bereichert uns auch auf der nicht materiellen Ebene mit ihren feinstofflichen Schwingungen und Informationen. Indem wir diese feinen Energien, die im materiell messbaren Bereich nur wenige Spuren hinterlassen, aber spürbar sind, in unsere Wohnungen holen, können wir unser Umfeld energetisch aufwerten. Zimmerpflanzen sind keine beliebigen Deko-Elemente, sondern lebendige Wesen, die uns wie beste Freunde begegnen. Wie Menschen und Tiere besitzen sie auratische Energiefelder, die mit unseren eigenen Aura-Feldern kommunizieren. Im nicht stofflichen Bereich der Aura gibt es keine körperlichen Grenzen, sondern alles ist offen miteinander verbunden. Es ist nicht egal, mit welchen Pflanzen wir uns umgeben, denn jede Art hat ihren eigenen Charakter und verbreitet andere Schwingungsmuster. Vielleicht haben Sie schon einmal vom keltischen Baumhoroskop gehört. So wie verschiedene Arten von Bäumen unser Leben mit ihren speziellen Energien beeinflussen, wirken auch alle anderen Pflanzen auf uns ein. Bei Zimmerpflanzen kommt hinzu, dass sie sich auf ihre Betreuer einstellen und direkt auf sie reagieren. Sie sind viel empfindsamer als allgemein angenommen und werden nach dem kosmischen Spiegelprinzip zu Anzeigerpflanzen für das menschliche Bewusstsein. Pflanzen helfen uns also auch dabei, uns selbst zu erkennen. Im ersten Kapitel des Buches geht es um diese elementaren Beziehungen zwischen dem Menschen und seinen pflanzlichen Gefährten.

Die Energiefelder von Pflanzen und Menschen

Um besser verstehen zu können, wie die Energiefelder von Pflanzen und Menschen interagieren, darf man sich nicht auf die materielle Welt beschränken, sondern muss sich in die höheren Dimensionen der Schwingungen begeben. Im allgemeinen Sprachgebrauch ist auch von der feinstofflichen Welt die Rede, eine Welt, die nicht greifbar ist, aber dennoch vorhanden und an ihren Auswirkungen erkennbar ist. Im Grunde sind auch alle stofflichen Erscheinungen keine festen Körper, sondern inhaltsleere Strukturen, die durch bestimmte Informationen – man könnte sie auch Software nennen – zusammengehalten werden. Es ist sehr einfältig, zu glauben, dass es nichts weiter gibt als das, was von den menschlichen Sinnen erfassbar ist. Wir sind

Pflanzen wirken auf unsere Sinne und verbessern auf vielfältige Weise das Raumklima.

Wirkungen von Pflanzen auf die Sinne

Das, was wir sehen, angreifen, riechen, schmecken, hören, messen und wiegen können, ist der materiell-physische Körper eines Wesens. Durch die verschiedenen Sinneseindrücke können Pflanzen unsere Stimmung beeinflussen. Das ist jedoch nicht alles. Jeder lebende Organismus besitzt weitere Körperhüllen im immateriellen Bereich, die wie russische Matroschka-Puppen hierarchisch übereinander liegen: den emotionalen Körper, die geistige Ebene und die Seelenebene. Diese übergeordneten Felder sind unbegrenzt mit dem großen See des Unbewussten verbunden. Die Informationen, die aus diesen Ebenen auf uns einströmen, entziehen sich dem Bewusstsein, weil wir mit der Datenmenge heillos überfordert wären. Bei Pflanzen, Tieren und Mineralien nimmt man an, dass sie keine individuellen Seelen, sondern eine Gruppenseele besitzen. Während der Mensch sein Ich-Bewusstsein in der dreidimensionalen Welt verankert hat, erleben die Pflanzen und Tiere ihr gemeinschaftliches Gruppen-Ich auf höheren Ebenen. Rudolf Steiner, dem Begründer der Anthroposophie zufolge, stehen Tiere über den Menschen und Pflanzen über den Tieren. Wir sind gewohnt, uns als die Krone der Schöpfung zu betrachten, aber solange wir nicht gelernt haben, im Einklang mit der Natur zu leben, bleiben unsere Schöpfungen dilettantisch, gefährlich und sogar destruktiv. Die Welt der Pflanzen und Mineralien ernährt uns nicht nur physisch, sondern auch energetisch, indem sie uns auf den Schwingungsebenen ständig mit vitalen Informationen versorgt, die inspirierend, regenerierend und belebend auf uns einwirken.

ständig von einem Wellensalat aus Lichtwellen, Schallwellen, Wärmestrahlungen, Aura-Feldern, Farbschwingungen, Mikrowellen, Funkwellen, Röntgenstrahlen, Erdstrahlen, Sonnenstrahlen, kosmischen Strahlen, elektrischen Feldern, Gravitationsfeldern, Magnetfeldern, Mobiltelefonwellen, radioaktiven Strahlen und was sonst noch im Raum herumschwirrt, umgeben, ob uns dies bewusst ist oder nicht. Auch jede E-Mail ist eine Informationsübertragung über Wellen. Schwingungen sind variable Energiefelder, die Energie ohne Bewegung von Materie durch den Raum transportieren. Sie bewegen sich nicht nur durch die Luft, sondern auch durch Wasser und scheinbar feste Materieteile hindurch. Die verschiedenen Wellen stören einander nicht, egal ob sie nebeneinander verlaufen oder sich kreuzen.

DAS MACHT EINE
PFLANZE ZUR *Energiepflanze*

SEIT DEM JAHR 2012 ist in spirituellen Kreisen immer häufiger vom Aufstieg der Menschheit in die fünfte Dimension die Rede. Wir lebten bislang vorwiegend in der dreidimensionalen, materiellen Welt. Die vierte Dimension wird oft auch als Astralebene bezeichnet. Hier haben wir Zugang über unsere Träume und außersinnlichen Fähigkeiten. Hier befindet sich auch das Totenreich. Wir können auf die Informationen auf dieser Ebene meist nicht bewusst zugreifen, stehen aber durch unsere Intuition in enger Verbindung damit. Für die fünfte Dimension und alle höheren Dimensionen findet man unterschiedliche Beschreibungen und Vorstellungen. Man kann davon ausgehen, dass hier verfeinerte und geläuterte Wesen existieren, die hauptsächlich im feinstofflichen Bereich leben. Sie können ihre Form ändern und bleiben meist unsichtbar. Das

Allein die Formensprache einer Pflanze gibt uns Hinweise auf ihre energetische Wirkung.

Schöpferbewusstsein ist voll erwacht, und um etwas zu bewegen, genügt die Vorstellungskraft. Es ist die Welt der Engel und aufgestiegenen Meister, die nicht mehr auf die Erde oder einen anderen Planeten herabsteigen, um zu inkarnieren. Da von verschiedenen Lebenslehrern unterschiedliche Bezeichnungen verwendet werden, darf man die Zuordnungen nicht zu eng sehen. Der Aufstieg in die fünfte Dimension bedeutet, dass wir zunehmend lernen, auf unser Herz und die innere Stimme zu hören, die Macht der Visionen zu erkennen, in Harmonie mit der Natur zu leben, unserem Lebensplan zu folgen, uns mit allem verbunden zu fühlen und auch mit körperlosen Geistwesen zu kommunizieren. Pflanzen leben vollkommen im Einklang mit ihren Mitwesen, sie können daher wichtige Lehrer und Begleiter sein.

Pflanzen bilden Blüten, Samen und Wurzeln, Blätter, Triebe und Ausläufer. Sie sind keine von ihrer Umgebung abgegrenzten Wesen, sondern ständiger Veränderung unterworfen.

Die feinstoffliche Natur der Pflanzenwelt

Wie auch immer man die Daseinsebenen und Dimensionen unterscheidet, so dürfte für jeden feinfühligen Menschen klar sein, dass Pflanzen in einer anderen Ebene verankert sind, als wir Menschen. Wir haben zu dieser Ebene keinen Zugang und wissen nicht, was Pflanzen bewegt. Die meisten Menschen gehen davon aus, dass Pflanzen nichts empfinden, was vermutlich eine sehr beschränkte Auffassung ist. Denn es gibt viele Indizien dafür, dass Pflanzen viel mehr wahrnehmen, als wir gemeinhin glauben. Univ.-Prof. Dr. Helmut Hartl, einem österreichischen Spezialisten für Pflanzen-Informationen, ist es gelungen, den Schwingungscharakter von Pflanzen und dessen energetische Wirkungen indirekt

nachzuweisen. Die Informationen einer Pflanze lassen sich auf verschiedene Trägerprodukte übertragen. Zwar kommt es vor, dass Pflanzenarten aussterben, aber im Allgemeinen kann eine einzelne Pflanze nicht sterben, sondern sie ist ständig Teil eines Transformationsprozesses. Sie existiert im Topf zwar scheinbar alleine, aber in der Natur durchläuft sie alle Wandlungsphasen vom Samen bis zum Humus. Sie ernährt sich von den Resten anderer Pflanzen und stellt auch sich selbst als Nährstoffquelle zur Verfügung, wenn sie verrottet.

ALLES IST IM FLUSS!
Die Pflanze ist kein abgegrenztes Wesen, sondern bildet Samen, Früchte, Ausläufer und Ableger, mit denen sie sich nicht nur vermehren, sondern auch verjüngen kann. Auch verschiedene Pflanzenarten untereinander sind nicht abgegrenzt, sondern können sich kreuzen. In der geistigen Welt ist alles durchgängig, vernetzt und grenzenlos.

Gesundheitliche Wirkungen

DIE WIRKKRÄFTE DER PFLANZEN zeigen sich am deutlichsten in der Pflanzenheilkunde. Aber sie wirken nicht nur durch ihre stofflichen Zusammensetzungen, sondern auch im feinstofflichen Bereich durch ihre speziellen Schwingungen und Bio-Informationen. Essenzen und Tinkturen sind Auszüge bzw. Extrakte, die ähnlich wie Tees hergestellt werden, jedoch kalt angesetzt werden.

Pflanzliche Wirkstoffe sind Bestandteil vieler traditioneller Naturheilkundemittel.

Man gibt Blüten oder anderen Pflanzenteile in Quellwasser und stellt das Ganze in die Sonne. Nach mindestens drei Stunden ist die Essenz fertig und man kann die Blüten abseihen. Es sind die feinstofflichen Qualitäten der Pflanzen, die uns helfen, wieder in Harmonie zu kommen und heil zu werden. Bei homöopathischen Mitteln werden die Auszüge extrem verdünnt und nach dem Ähnlichkeitsprinzip verabreicht. Das Mittel würde unverdünnt ähnliche Symptome auslösen wie die, die beseitigt werden sollen. Die Wirksamkeit ist empirisch erwiesen, aber man weiß nicht, warum das so ist. Ärzte und Apotheker bieten – von Psychopharmaka einmal abgesehen – nur Medikamente und Präparate gegen körperliche Symptome, aber keine gegen Verstimmungen, Ängste, Zweifel, Sorgen, Konflikte, Hemmungen, Ärger, Schuldgefühle, Eifersucht, Kummer, Unklarheiten und seelische Schmerzen. Da pflanzliche Wirkstoffe auch auf die Gedanken und Gefühle einwirken, können sie psychotherapeutische Maßnahmen unterstützen. Schon Paracelsus wusste, dass auch die Psyche und der Glaube eine Rolle bei den Krankheitsursachen spielen. Die Auflösung von ungünstigen Lebenseinstellungen und Glaubensmustern spielt bei vielen alternativen Heilmethoden eine entscheidende Rolle.

Der Eibisch ist eine altbekannte Heilpflanze mit vielen Wirkungen: Er kann durchaus als Energiepflanze bezeichnet werden.

Hildegeard von Bingen gehört zu den Pionieren der Natur- und Pflanzenheilkunde.

Heilen mit Pflanzen

Pflanzen, die zugleich traditionelle Heilpflanzen sind, verdienen auf jeden Fall die Bezeichnung » Energiepflanzen «, sofern sie keine gefährlichen Eigenschaften haben.

Phytotherapie

Viele Naturheilkräuter sind seit Jahrhunderten bewährt und etliche eignen sich auch als Zimmerpflanzen. Über die volksmedizinischen Wirkungen von Pflanzen findet man umfangreiche Informationen im Internet. Besonders übersichtlich ist die große Datenbank von Phytodat.com für Profis und interessierte Laien, wo man zu langen Listen von Gesundheitsstörungen passende Vorschläge für Heilmittel bekommt. Zu empfehlen ist dies vor allem für Menschen, die ganzheitlich denken und für ihre Befindlichkeiten gerne selbst die Verantwortung übernehmen. Neben der traditionellen europäischen Medizin bieten auch die Traditionelle Chinesische Medizin (TCM) und die indischen Ayurveda-Gesundheitslehren viele Anregungen.

Mykotherapie

Auch die Mykotherapie sei erwähnt, denn traditionelle Heilpilze wie der Shiitake können auch in Innenräumen kultiviert werden. Bei vielen Heilkräuterkompendien wird hauptsächlich mit den physisch messbaren Wirkstoffen argumentiert, die in den Pflanzen enthalten sind. Hildegard von Bingen bezog in ihren Beschreibungen auch die Wesensart der Pflanzen mit ein. Therapieformen auf Pflanzenbasis, die nicht stofflich, sondern feinstofflich wirken, sind zum Beispiel das Aura-Soma-System, die Bachblütentherapie, die Aromatherapie mit ätherischen Ölen, die Homöopathie und die spagyrischen Tinkturen. Die aufwendige und durchaus alchemistisch anmutende spagyrische Methode geht auf Paracelsus zurück.

WIRKUNGEN AUF DIE *Psyche und die Stimmung*

GRÜN IST NICHT GLEICH GRÜN. Jede Pflanzenart hat besondere Qualitäten, mit denen sie uns beeinflussen und anregen kann. In jeder Pflanze wirkt ein gestaltendes Prinzip, das uns nicht nur physisch ernährt, sondern unsere Bio-Strukturen auffrischt wie ein Update, um sie zu regenerieren und an ihren ursprünglichen Bauplan zu erinnern. Pflanzen sind unglaublich schöpferische Kreaturen, weil sie eine extreme Vielfalt an organischen Stoffen produzieren. Um den Charakter einer Pflanze einzuschätzen, genügen ihre äußerlichen Merkmale. Die Farben und Formen, das Wuchsverhalten und auch der Geruch sagen viel über ihre Eigenheiten aus. Man kann sich die Erkenntnisse der Signaturenlehre zunutze machen, um die feinstofflichen Wirkungen zu deuten. Diese besagt, dass ähnliche Formen in der Natur auf ähnliche Eigenschaften hinweisen. Die nicht stoffliche Essenz der Pflanzen kann man sich als Schwingungsmuster mit verschiedenen Farben, Geometrien und Klängen vorstellen, die wie Musik unsere Stimmung verändern. Nach dem kosmischen Gesetz der Entsprechung hängt alles zusammen. Keine Form entsteht per Zufall und ohne tieferen Sinn. Jede Erscheinungsform ist von Bedeutung und kann nicht nur intuitiv erfasst, sondern auch systematisch interpretiert werden. Die Lehre von den Signaturen zur Ermittlung von geeigneten Heilmitteln war bereits den alten Ägyptern bekannt. Der berühmte Arzt Paracelsus, der zu Beginn des 16. Jahrhunderts, an der Schwelle vom Spätmittelalter zur Neuzeit, als vielseitiger Wissenschaftler wirkte und dessen Heilerfolge legendär wurden, hat sie schließlich zu Papier gebracht.

Heilpflanzen wie Aloe gedeihen auch in hellen Zimmern und kommen sogar zur Blüte.

Kulturelle Bedeutung

Neben den gesundheitsfördernden Wirkstoffen, der Formensprache und den sinnlichen Qualitäten haben viele Pflanzen auch eine bestimmte kulturelle Bedeutung. Nicht nur bei Schnittblumen wissen wir, dass nicht jede für jeden Anlass geeignet ist. Ein Kaktus zum Begräbnis oder zur Hochzeit passt einfach nicht. Und wenn man Rosen verschenkt, sollte man die Bedeutung der Farben kennen, um Missverständnisse zu vermeiden. Um die kulturelle Wirkung einer Pflanzenart zu erfassen, ist zu überlegen, aus welchem Umfeld sie stammt, welche Rolle sie dort spielt und in welchem Ambiente sie mit Vorliebe eingesetzt wird.

Ausstrahlung und Verträglichkeit

Jede Pflanze ruft aufgrund ihrer Ausstrahlung bestimmte Assoziationen hervor. Von einer Energiepflanze erwarten wir, dass sie Effekte erzielen kann, die uns guttun oder dass sie die gewünschte Wirkungen unterstreicht. Neben kleinblättrigen Heilkräutern, die oft unscheinbar aussehen, fallen uns Arten ins Auge, die mit besonderen Blatt- und Blütenformen bestechen und uns mit ihrem attraktiven Aussehen emotional berühren. Besonders schöne, edle, feingliedrige und dekorative Zimmerpflanzen haben als Zierpflanzen eine lange Tradition. Welche Geschichten und Mythen ranken sich um sie? Wie wirkt die Pflanze im Raum und zu welchem Einrichtungsstil passt sie? Um als Energiepflanze gelten zu dürfen, muss sie außerdem für empfindliche Personen, Kinder und Haustiere verträglich sein und zur Steigerung des Wohlbefin-

Rosen symbolisieren je nach Farbe unterschiedliche Emotionen und sollten entsprechend eingesetzt werden.

dens beitragen. Sie sollte harmonisierende und vitalisierende Eigenschaften besitzen, das Raumklima verbessern und – ganz wichtig – vor allem Freude bereiten. ■

Besondere Blüten wie die von Orchideen faszinieren seit Jahrhunderten und wirken ganz besonders im Raum.

ALLES SCHWINGT

Wirkung von Farben, Zahlen und Formen

JEDE FARBE, JEDE ZAHL UND JEDE PROPORTION, jede Form und jede sonstige Auffälligkeit repräsentiert eine bestimmte Schwingungsqualität. Unbekannte Pflanzen lassen sich einordnen, indem man nach Analogien und Ähnlichkeiten sucht. Wie auch bei Pilzen können Arten, die einander zum Verwechseln ähnlich sind, durchaus unterschiedliche Wirkungen zeigen. Da es bei Wahrnehmungen und Interpretationen auch auf Details ankommt, sei vor schnellen Rückschlüssen gewarnt. Man muss das Wesen der Pflanze als Ganzes erfassen und sich vor oberflächlichem Schubladendenken hüten. In der Praxis geht man so vor, dass man die Farben nach der Farbenlehre interpretiert und die Zahlensymbolik in ihrer numerologischen Bedeutung erfasst.

Form und Farbe repräsentieren Schwingungen, wie diese rosettigen Echeverien, die zu den Blattsukkulenten gehören, zeigen.

Nach dem Europäischem Feng-Shui können alle Formen, die in der Natur und bei gebauten Objekten vorkommen, auf acht Form-Archetypen zurückgeführt werden, die je einer Wandlungsphase zugeordnet sind. Diese Grundformen und bestimmte harmonische Zahlenverhältnisse findet man überall. Jede Pflanze hat verschiedene Zahlen und Geometrien in ihrem Bauplan enthalten. Zum Beispiel die Anzahl der Blütenblätter, die Anzahl der Lappen bei eingeschnittenen Blättern oder die Anzahl der Kernspalten im Fruchtgehäuse. Bei Farben ist auch eine Zuordnung zu den Chakren-Farben möglich. Die geometrischen Grundkörper, auf die sich die Blätter, Blüten und Früchte reduzieren lassen, sind die Bausteine allen Lebens. Sie sind auch unter der Bezeichnung » Heilige Geometrien « bekannt. ∎

Viele Sukkulenten wachsen in geometischen Mustern und können den Form-Archetypen zugeordnet werden.

Wie kleine Sonnen sehen die Blüten von Korbblütlern wie Margeriten, Chrysanthemen und Astern aus.

Pflanzen beeinflussen die Lichtwirkung im Raum und brechen grelle Sonnenstrahlen zu sanftem Licht.

DEUTUNG DER PFLANZLICHEN FORMENSPRACHE NACH EUROPÄISCHEM FENG-SHUI

Nach der westlichen Methode auf der Basis von vier Elementen

Form	Wirkung	Polarität/Element
rund und kugelig	harmonisierend, zentrierend, beruhigend, erdend, introvertiert	Yang/feminin Erde
rundlich mit sanfter Spitze	kontaktfreudig und kommunikativ, sanft aktivierend, freundlich, umgänglich und besänftigend	Yang/feminin Wasser
sehr spitz	feurig dynamisch, stark aktivierend, aktive Verteidigung	Yin/maskulin Feuer
steif und hart	robust, standhaft, unnachgiebig, entschieden, passive Verteidigung	Yin + Yang Feuer und Erde
sehr weich	nachgiebig, vertrauensvoll, entspannt, anpassungsfreudig, gelassen	Yang/feminin Wasser
spitz-oval	harmonisch und dynamisch zugleich, kontaktfreudig und kommunikativ	Yin/maskulin Luft
zungenförmig	lieblich, verlockend, anziehend, reizend	Yang/feminin Wasser
flaumig behaart	gutmütig und sozial, sehr offen und kontaktfreudig	Yang/feminin Wasser
borstig behaart	abwehrkräftig und durchsetzungsstark	Yin/maskulin Feuer
schmal, weich und flach	bescheiden, gesellig, familiär, berührend	Yang/feminin Wasser
zart und filigran strukturiert	vernetzend, sanft ausbreitend und stimulierend	Yang/feminin Wasser
dick und fleischig	abgesichert und unabhängig, sammelnd und festhaltend, wohlhabend, auf sich selbst konzentriert	Yang/feminin Erde
tief eingeschnitten	gefühlvoll, kontaktfreudig, offen, kommunikativ, vielseitig, vernetzend, gesellig	Yang/feminin Wasser
Stern und Sonne	zentrierend, ausstrahlend und anziehend, anregend und beruhigend zugleich, selbstbewusst, offenherzig, gefühlvoll, fokussiert und ausgerichtet	Yin/maskulin Luft, Feuer

Lanze, Schwert	extrovertiert, abwehrstark, sich Abstand verschaffend, vorstoßend und aktivierend	**Yin/maskulin** **Feuer**
Igel	introvertiert, abwehrstark, auf sich selbst bezogen, zentrierend, beschützend	**Yang/feminin** **Erde**
Blätter nach unten hängend	gelassen, hingabevoll, vertrauensvoll, bescheiden, fallen lassen wie ein Wasserfall, erdend, entspannend, loslassend	**Yang/feminin** **Wasser**
Blätter nach oben gerichtet	ehrgeizig, aufwärts strebend, spannungsgeladen, aktivierend, stolz, optimistisch, zielstrebig, mutig	**Yin/maskulin** **Feuer**
hochstielige Blüte	balancierend, hervorragend, beschwingt, erhaben, selbstbewusst, aufmerksamkeit-erregend, reizend	**Yin + Yang** **Luft, Wasser**
kurzer, dicker Stamm	erdend, zentrierend, verwurzelt, standhaft, unbeugsam, entschieden	**Yang/feminin** **Erde**
Welle	sanft fließend, jugendlich, belebend, inspirierend und impulsgebend	**Yang/feminin** **Wasser**
Fächer	sich nach oben und zu den Seiten hin ausbreitend, strahlenförmige Verteilung, zentrierend, fokussierend, selbstbewusst im Mittelpunkt stehend	**Yin/maskulin**
buschige Wolke	offen in alle Richtungen, vernetzend, kommunikativ, sanft bewegend und belebend	**Yang/feminin** **Luft**
Trichter und Glocke	wirbelförmige Energie in eine Richtung, zentrierend, anziehend und verteilend, fokussiert, klar und entschieden	**Yang/feminin** **Wasser**
Herz	gefühlvoll, Vereinigung von Yin und Yang, Liebe, Zuneigung, Verbundenheit, Erotik, Zärtlich-keit, sanft belebend, fließend und harmonisierend	**Yin + Yang** **Wasser**
Kolben	hervortretend in eine Richtung, zielstrebig, aufrichtig, selbstbewusst, klar, entschieden	**Yin/maskulin** **Feuer**
Bogen	elastisch, anpassungsfähig, beschwingt, spannungsgeladen	**Yin/maskulin** **Feuer**
Löffel, Schale	aufnehmend, anziehend, offen und bereitwillig, bewahrend	**Yang/feminin** **Wasser**
gefiedert	balancierend, ausgleichend, beschwingt, zentrierend, zielgerichtet, gefühlvoll	**Luft** **Yin/maskulin**
Spirale	zentrierend, universelles Schöpfungsprinzip, Fortschritt und Entwicklung, Bewegung um ein Zentrum; rechtsdrehende Spiralen wirken aufbauend, linksdrehende auflösend	**Yin + Yang** **Wasser und Luft**
Springbrunnen, Torus	zentrierend, torusförmige Verbindung von oben und unten, harmonisierend und belebend, selbstbewusst	**Yin + Yang** **Wasser**
Ei, Ellipse, Oval	erwachendes Leben, Beginn einer neuen Entwicklung, sanft anregend und inspirierend	**Yang/feminin** **Erde**
Schild, Dreieck	zielgerichtet, bestimmt, Kanten zeigend, willensstark, abgrenzend, beschützend	**Yang/feminin** **Erde**
scharfkantig	abwehrstark, robust, zäh, distanzierend, entschieden, resolut	**Yin/maskulin** **Luft**
gerade aufgerichtet	Ich-Stärke, stolz, selbstsicher, mutig, erhaben, majestätisch	**Yin/maskulin** **Luft**

VORSICHT GEBOTEN
Schädliche Pflanzen

IN DER NATUR HAT JEDE PFLANZE IHRE BERECHTIGUNG, jedoch nicht jede ist dazu bestimmt, dem Menschen nahezustehen. Viele Zimmerpflanzen sind giftig, manche Inhaltstoffe sind sogar tödlich. Auch Arten, die von Natur aus eigentlich ungiftig sind, können toxisch wirken, nachdem sie mit Pflanzenschutzmitteln behandelt worden sind. Da Zierpflanzen nicht als Lebensmittel verwendet werden, gelten für sie keine Wartezeiten oder keine Grenzwerte bei der Behandlung mit Insektiziden und Fungiziden. Das Magazin » Ökotest « hat Rosensträuße auf Pestizidrückstände untersuchen lassen und kam zu erschreckenden Ergebnissen. Den meisten Kunden ist nicht bewusst, dass sie zum Valentins- und Muttertag eigentlich Giftsträuße verschenken. Viele Zuchtsorten sind außerdem genetisch manipuliert und sollten daher nicht in der Biotonne oder auf dem Komposthaufen landen. Lassen Sie die Finger von Discounter-Angeboten, wenn Sie positive Energien ins Haus bringen möchten! Da die Anzucht vieler Schnittblumen oft unter unmenschlichen Arbeitsbedingungen erfolgt, ist die » Ware « auch auf der Informationsebene mit traurigen und lebensfeindlichen Energien verseucht. Es gibt alternative Anbieter, die auf chemisch-synthetische Mittel verzichten und nur mit natürlich-biologischen Produkten arbeiten.

Tulpen vom Discounter sind zwar fröhlich und bunt, stecken aber oft voller Pflanzenschutzmittel.

Wer selbst über einen Garten oder Wintergarten verfügt, zieht seine Pflanzen am besten selber an. Hier sollte konsequent und ohne Ausnahme auf den Einsatz von chemischen Pflanzenschutzmitteln verzichtet werden. Selbst wenn viele Präparate auch für die Verwendung im Haus und Garten zugelassen sind, ist es billiger und vor allem gesünder, kranke Pflanzen zu entsorgen, als sie mit gefährlichen Chemikalien zu behandeln, um ihre Lebensdauer ein wenig zu verlängern.

Die Anzucht in Pflanzenfabriken verhindert, dass die Pflanzen ihre Bio-Informationen positiv aufladen können.

Künstliche Mutationen wie diese Kugelkakteen sind alleine nicht überlebensfähig und bereichern ihre Umgebung nicht.

Unnatürliche und genmanipulierte Zuchtsorten

Damit eine Zimmerpflanze als Energiepflanze gelten kann, ist eine gesunde Vergangenheit bei ihrer Entstehung wichtig, denn schließlich sind es ihre Bio-Informationen, mit denen sie uns auf der feinstofflichen Ebene energetisch auflädt bzw. updatet. Zu diesen Bio-Informationen gehören nicht nur ihre Erbanlagen, sondern auch alles, was sie erlebt hat und in welchem Umfeld sie aufgewachsen ist. Gesunde Pflanzen sind fruchtbare Pflanzen, denen die Samenanlagen oder sonstigen Vermehrungsorgane nicht weggezüchtet wurden. Je ursprünglicher, natürlicher und robuster eine Pflanze ist, umso besser. Zimmerpflanzen, die mit Wachstumshemmern kompakt und buschig gehalten werden, können niemals in ihre volle Kraft kommen. Daher ist von Gewächsen, die von Natur aus eigentlich zu groß fürs Zimmer sind, abzuraten, auch wenn sie viele gute Eigenschaften besitzen. Wenn man sie unbedingt haben möchte, ist es besser, sie als temporäre Mitbewohner zu betrachten, die nicht alt werden, aber während ihrer Jugendzeit ihre ganze Lebensenergie entfalten. Zuchtsorten, die in der Natur nicht vorkommen, sind Laborerzeugnisse ohne Abstammung und Geschichte. Aufgrund ihrer entarteten Entwicklung, können sie nichts dazu beitragen, um uns an unsere wahre Natur zu erinnern und unsere eigenen Bio-Systeme zu regenerieren. ■

VORSICHT VOR ÜBERZÜCHTUNGEN
Genmanipulierte Pflanzen bringen große Risiken mit sich, weil es sich nicht um stabile Arten handelt, die vollständig mit ihrer Umgebung vernetzt sind, sondern um künstliche Kreaturen für eine isolierte Kultur. Insekten kennen keine Sicherheitsabstände und daher lassen sich unkontrollierbare Verunreinigungen bei den Nachbarpflanzen nicht vermeiden.

Der Ritterstern oder Amaryllis ist zwar ein wunderbarer Anblick, aber auch gifitg.

Auch das bekannte und beliebte Alpenveilchen enthält giftige Substanzen und ist mit Vorsicht zu genießen.

Giftige Zimmerpflanzen

Viele Pflanzen enthalten von Natur aus Bestandteile, die für Erwachsene, Kinder oder Haustiere giftig sind. Da die meisten Menschen diese Gefahren nicht kennen, ist es besser, sich solche Pflanzen gar nicht erst anzuschaffen. Zu den mehr oder weniger stark giftigen Zimmerpflanzen gehören Alpenveilchen, Ritterstern (Amaryllis), Becherprimel, Bogenhanf, Dieffenbachie, Gummibaum, Azalee (Rhododendron), Zimmercalla, Buntwurz, Wunderbaum, Palmfarn und die Prachtlilie. Diese Zimmerpflanzen sind weit verbreitet und werden fast immer ohne besondere Warnhinweise angeboten und verkauft. Auch die Flamingoblume ist nicht ungefährlich. Auch unter den Energiepflanzen, die in diesem Buch vorgestellt werden, finden sich Arten, die gesundheitsschädliche Substanzen enthalten. Sie deswegen völlig auszuschließen macht jedoch keinen Sinn, denn auch viele wertvolle essbare Früchte oder Gemüse enthalten im rohen Zustand Giftstoffe oder haben Pflanzenteile, die ungenießbare Substanzen enthalten und nicht verzehrt werden dürfen. Wenn damit zu rechnen ist, dass Pflanzenteile in den Mund genommen, von Tieren angeknabbert oder häufig berührt werden, sollte man sich genauer erkundigen, welche Teile gefährlich sind und für wen. Solange die Gewächse ruhig an ihrem Platz stehen und nur vorsichtig berührt werden, wird nichts passieren. Giftige Zimmerpflanzen sind vor allem eine Gefahr für Haustiere, Babys und spielende Kinder. Auch im Wintergarten oder auf Fensterbänken, wo die Pflanzen so eng stehen, dass es häufig zu Hautkontakt kommt, sind unangenehme Reaktionen wie Ausschläge, Schwellungen, Übelkeit und Allergien möglich. Wer ganz sicher gehen möchte, wählt am besten Zimmerpflanzen aus, die in allen Teilen ungefährlich sind.

Schnittblumen

Zu den Zimmerpflanzen gehören im weiteren Sinne auch Schnitt- und Trockenblumen, Zuchtpilze und Sprossen bzw. Keimlinge. Nicht jede Schnittblume ist dem langsamen Tod geweiht, denn manche Zweige, wie die der Myrte, können im Wasser neue Wurzeln bilden. Es ist auch schön, zu sehen, wie sich geschlossene Knospen in der Vase erst öffnen. Die Pflanze lebt ohne Wurzeln weiter und kann sich wochenlang »über Wasser« halten, ohne festen Boden unter den Füßen. Wenn möglich, sollte man Wildblumen aus dem Garten samt den Wurzeln ausgraben und einfrischen – um sie nach dem Abblühen wieder ins Freie zu setzen. Einfrischen heißt, dass man sie mitsamt der Wurzeln ins Wasser stellt. Schnittblumen, die keine drei Tage lang halten, wie zum Beispiel Flieder, gehören nicht in Innenräume. Die Taglilie blüht nur einen Tag lang, daher ist es nicht schade, wenn man sie in der Früh abschneidet und mit nach Hause nimmt, denn sie wäre so oder so verblüht. Es kommt also ganz auf die Art an, aber im Allgemeinen besitzen Schnittblumen nur wenig Vitalität. Sie können den Raum nur kurzfristig mit frischer Energie versorgen, zum Beispiel bei einem feierlichen Anlass.

Importierte Blumen mit grellen Farben und auffallenden Mustern haben oft weite Reisen hinter sich und wurden bei der Anzucht fast immer mit Pflanzenschutzmitteln behandelt. Die meisten Wiesenblumen halten nicht lange und wenn man einen eigenen Garten besitzt, ist es eigentlich unnötig, die Blumen ins Haus zu holen. Wenn jedoch ein Rasenschnitt fällig ist, macht es Sinn, einige Blüten vorher zu pflücken und einzufrischen, bevor sie im Auffangbehälter des Rasenmähers landen. ■

Flieder hält sich geschnitten in der Vase nur wenige Tage. Besser ist ein Busch in einem Kübel auf der Terrasse.

Glücksbambus ist kein Bambus, sondern ein Drachenbaumgewächs, das in der Vase Wurzeln bildet.

Natürliche Materialien sind ideale Deko-Objekte, die den Raum positiv beeinflussen.

Trockenblumen ermöglichen es, die Formsprache einer Pflanze über einen langen Zeitraum nutzen zu können.

Trockene Pflanzenteile

Durch das Trocknen der Pflanzen findet eine Konservierung der Formensprache statt, die auf der Ebene der Schwingungen immer noch Formwellen erzeugt und daher den Raum positiv beeinflussen kann. Ähnlich wie Symbole, Geometriemuster und Kraftobjekte erinnern sie uns an kosmische Prinzipien. Nicht zufällig haben viele Menschen einen Hang, ihre Räume mit Naturprodukten zu dekorieren. Im Winter und in Wohnungen ohne Balkon ist dies oft die einzige Möglichkeit, um einen Bezug zur Natur herzustellen. Im weiteren Sinne gehören auch Einrichtungen aus Holz dazu, denn auch sie bestehen aus getrockneten Pflanzenteilen. Dasselbe gilt für andere Bauteile aus Stängeln und Pflanzenfasern wie zum Beispiel Bambusjalousien, Schilfmatten oder Hocker mit Sitzen aus Bananenblättern. Trockene Pflanzen sind keinesfalls schädlich, aber von Natur aus dem Verfall bestimmt, ähnlich wie Schnittblumen. Die meisten Menschen fühlen sich energetisch heruntergezogen, wenn sie mit abbauenden Prozessen konfrontiert werden, weil sie dabei an Abschied, Alterung und Sterben denken.

Der Vorteil bei Trockenpflanzen ist, dass der Verfall so langsam vor sich geht, dass man ihn kaum bemerkt. Möbel aus Holz halten sogar länger als ein Menschenleben. Erst wenn die Teile feucht werden, setzt die Verrottung ein. Beliebte Trockenobjekte sind Disteln, Zapfen, Nüsse, Schoten, Strohblumen, Nussschalen, Zimtstangen, Artischocken, Wildrosen, Schafgarben, Lavendelblüten, Rohrkolben, Lampionblumen, Getreideähren, Ziergräser, Lotusblumen, Palmblätter, Baumscheiben, Maiskolben, Mohnkapseln, Islandmoos und dekorative Äste und Zweige.

Bonsai wird durch permanentes Schneiden und Umtopfen klein gehalten. So kann keine postive Energie entstehen.

Kümmerliche Pflanzen sind anfällig für Krankheiten und Schädlinge, hier Spinnmilben an neuen Trieben.

Bonsai, Kümmerpflanzen und kranke Pflanzen

Es ist verständlich, wenn manche Menschen an ihren Zimmerpflanzen hängen wie an ihren Haustieren. Aber wer mit den Kreisläufen der Natur vertraut ist, weiß, dass nichts von Dauer ist. Wenn Pflanzen zu kränkeln beginnen, sollte man sie nicht mit allen Mitteln zu retten versuchen. Vielleicht hilft Umtopfen oder eine Standortveränderung. Vielleicht wurden Pflegefehler begangen, die sich beheben lassen. Es kann aber auch sein, dass die Pflanze zu alt ist und ihre ursprünglichen Energien verbraucht hat. Man muss bedenken, dass sie sich in einem sehr unnatürlichen Umfeld befindet, in dem sie früher müde wird, als in der freien Natur. Eingesperrt in einen engen Topf, ohne direkten Kontakt mit passenden Nachbarn, beginnt sie irgendwann schwächer und kümmerlicher zu werden, bis sie schließlich eingeht. Der Sterbeprozess ist meist ein sehr langsamer, weil die organische Materie sich ständig verwandelt, aber ihr Leben nie ganz aushaucht. Sobald eine Pflanze nicht mehr wächst und ihre frische Farbe verliert, hat der Zerfall begonnen. Es ist nicht sinnvoll, sie länger im Raum zu lassen, wenn sie eine negative, traurige Ausstrahlung bekommt. Man kann versuchen, sie zu verjüngen, indem man rechtzeitig Stecklinge abschneidet und neue Wurzeln austreiben lässt. Absterbende Pflanzenteile sollte man rechtzeitig entfernen, denn sie ziehen Ungeziefer an und kosten unnötige Energie. ■

BONSAI UND ZWERGBÄUME
Zu den Kümmerpflanzen müssen leider auch Bonsai gezählt werden. Sie wirken matt und gequält und vegetieren mehr vor sich hin, als dass sie sich entfalten können, weil sie durch ständigen Schnitt und häufiges Umtopfen verstümmelt und klein gehalten werden.

Freilandpflanzen

Wie Sie bei den Pflanzenporträts bemerken werden, besitzen die einzelnen Arten höchst unterschiedliche Eigenschaften. Nicht alle sind gleich gut für Innenräume geeignet, auch wenn sie ansonsten hervorragende Qualitäten aufweisen. Manche gedeihen besser im Freien oder werden einfach zu groß, um sie lange in der Wohnung behalten zu können. Andere haben Standortansprüche, die schwer zu erfüllen sind. Die Pflanzen, die man im Handel bekommt, sind aus energetischer Sicht nicht unbedingt die besten, weil hier vor allem wirtschaftliche Interessen wie schnelle Anzucht, Transport- und Lagerfähigkeit eine Rolle spielen. Es ist jedoch gar nicht not-

Pelargonien können in der kalten Jahreszeit einfach in einem kühlen Keller oder einer Garage überwintern.

wendig, teure Stauden und Topfblumen zu kaufen, denn es gibt genug andere Möglichkeiten, sich mit Pflanzen zu umgeben, wenn man nicht erwartet, dass sie ewig halten. Ganzjährig möglich sind Keimlinge aus Samen, Körnern und Hülsenfrüchten, die zwar nicht älter als eine Woche werden, aber umso üppiger sprießen. Dafür eignen sich Saaten von Radieschen, Radicchio, Rucola, Weizen, Gerste, Luzerne, Linsen, Azuki- und Mungobohnen, Amaranth, Bockshornklee, Brokkoli, Chia, Erbsen, Senf, Kichererbsen, Kresse, Kürbis, Leinsamen, Quinoa, Rettich, Roggen, Sesam und Sonnenblumen. Auch Zuchtpilze wachsen das ganze Jahr über auf Substratblöcken, die es fertig zu kaufen gibt. Ab Januar kann man beginnen, Pflanzen für den Garten oder den Balkon vorzuziehen. Die Lebensdauer von Balkon- und Freilandpflanzen lässt sich verlängern, indem man sie ab Oktober ins Zimmer holt. Wintergärten, helle Treppenhäuser und sogar Kellerräume bieten weitere Möglichkeiten, um Freilandpflanzen über den Winter zu erhalten.

Stauden und Gräser gedeihen besser auf Balkon und Terrasse und entfalten dort ihre Qualitäten.

Stachelige, fleischfressende und wuchernde Pflanzen

Es wäre sehr ungerecht, alle dornigen und stacheligen Gesellen als unfreundlich und aggressiv zu diffamieren. Gerade »Rühr-mich-nicht-an«-Gewächse wie Kakteen und Rosen warten oft mit den feinsten Blüten auf. Sie sind schlichtweg gefährlich, weil sich Berührungen nicht komplett vermeiden lassen und es dann leicht zu Verletzungen kommt. Spitze Teile lösen in der menschlichen Psyche eine gewisse Unruhe aus. Sie signalisieren nicht ohne Grund Gefahr und Bedrohung. Pflanzen mit weichen und gerundeten Formen wirken harmonischer und entspan-

Es ist kein schöner Anblick in der Wohnung, wenn die Venusfliegenfalle ihre Beute verdaut.

nender. Auch Zimmerbäume und -sträucher, die sehr groß werden oder stark wuchern, können als Bedrohung empfunden werden. Die meisten Baum- und Straucharten sind sehr platzgreifend, nehmen das Licht weg und wachsen einem schnell über den Kopf. Andere. wie die Grünlilie, bilden derart viele Ableger, dass man sie ständig zurückschneiden muss. Wenn man sich für wuchernde Gewächse entscheidet, sollte man sie regelmäßig zurückstutzen oder den Wurzelballen durch Teilung verkleinern. Wer auf Kakteen nicht verzichten möchte, kann sie mit Glasgehäusen schützen. Die stachelbewehrten Stammsukkulenten können enorme Ausmaße annehmen. Auch verschiedene Blattpflanzen mit harten, langen und spitzen Blättern, die wie Lanzen oder Pfeile wirken, bringen ungemütliche Energien in den Raum. Die Venusfliegenfalle besitzt eine mit Borsten bewehrte Klappe, mit denen sie Insekten einfängt und verdaut. Ähnlich unappetitliche Vorlieben haben die gruselig wirkenden und mitunter stark riechenden Schlauchpflanzen. ■

Wunderbare Blüten trotz stacheliger Wehrhaftigkeit. Kakteen haben Reize, die mit Vorsicht zu genießen sind.

Geruchsintensive Pflanzen

Gerüche haben einen großen Einfluss auf unser Wohlbefinden. Nicht alle Pflanzen verbessern die Raumluft, manche verpesten sie geradezu. Durch fehlende Abzugslöcher bildet sich leicht Staunässe, die zu Wurzelfäule führt und für die meisten Pflanzen tödlich endet. Die Übertöpfe dürfen nicht zu eng sitzen, damit ein Luftspalt bleibt. Blumenerde kann nach Fäulnis, Tiermist oder chemischen Düngern riechen, Töpfe können mit Kalkresten, Pilzen, Schimmel, Algen oder Moos überzogen sein. Tote Insekten, abgefallene Blüten oder vertrocknete Blätter sorgen ebenfalls für einen unangenehmen, muffigen Geruch.

Die Aasblume ist eine Sukkulente, deren Blüten nach Tierkadaver müffeln und magnetisch auf Schmeißfliegen wirken. Drachenwurz riecht ähnlich ekelig, ebenso wie der Feuerkolben. Als Stinker gelten alle Aronstabgewächse, die »Düfte« mit den Aromanoten Urin, Aas oder Fäulnis verbreiten. Auch wohlriechende Blumen können Kopfschmerzen auslösen, wenn sie zu intensiv duften. Daher sind auch weiße Lilien nicht für jeden empfehlenswert. Ein dezenteres Bouquet mit würzigen und blumigen Noten kommt meist viel besser an. Die meisten Blattpflanzen riechen neutral oder unauffällig, wenn es sich nicht gerade um Gewürzkräuter handelt. Geruchsbelästigungen gehen hauptsächlich von Topfblumen aus, die lange blühen und nur auf Insekten attraktiv wirken. Zu den besten Duftpflanzen, die auch in der Aromatherapie eine Rolle spielen,

Aasblumen oder Stapelien haben zwar interessante Blüten, die jedoch einen ekelhaften Geruch verströmen.

Auch der Hibiskus hat einen Eigengeruch, der von manchen Menschen als unangenehm empfunden wird.

gehören Orchideen, Rosen, Jasmin, Chrysanthemen, Lavendel, Veilchen, Zitronenverbene, Zitronengras, Myrte und Zitrusbäumchen. Currykraut, Zimmerknoblauch, Feinstrahlaster, Margeriten, Hibiskus und Passionsblumen verströmen eigenartige Gerüche und können als unangenehm empfunden werden.

Pflanzen, die das Raumklima verschlechtern

Damit das Raumklima behaglich bleibt, muss die relative Luftfeuchtigkeit im gesunden Rahmen von 40 bis 50 % bleiben. In schimmelgefährdeten Räumen sind Pflanzen, die viel Wasser verdunsten, kontraproduktiv. Hier sollte man nur Arten verwenden, die wenig Wasser benötigen und entsprechend wenig abgeben. Pflanzen, die viel Wasser aufnehmen, brauchen meist zugleich eine hohe Luftfeuchtigkeit, die die für Wohnräume zuträgliche Grenze überschreitet. Bei einer relativen Feuchtigkeit über 50 % vermehren sich nicht nur Schimmelpilze, sondern auch die Hausstaubmilben. Pflanzen, die viele Luftwurzeln bilden, können der Raumluft sogar Feuchtigkeit entziehen. Außerdem können Zimmerpflanzen Allergien auslösen, die von Pollen, Milben oder Schimmelsporen ausgehen. Manche Arten wie die Birkenfeige und der Weihnachtsstern verursachen bei manchen Menschen bei Kontakt Hautreizungen oder Atemprobleme. Es kommt bei Allergien nicht darauf an, in welcher Menge die auslösenden Stoffe vorhanden sind, daher nützt es nichts, die Reizstoffe zu reduzieren. Auch Stickstoff im Dünger kann die Raumluft belasten. Chemischer Flüssigdünger hat oft einen derart beißenden Geruch, dass man ihn

Viele Ficus-Arten schilfern von den Blättern feine Wachsschuppen ab, die Allergien auslösen können.

gar nicht einatmen sollte. Diese Reizstoffe gelangen natürlich auch in die Raumluft und tragen nicht zur Verbesserung des Raumklimas bei. ■

UNERWÜNSCHTE MITBEWOHNER
Ein weiteres Problem können Ameisen, Mücken und anderen Insekten sein, die durch die Pflanzenduftstoffe ins Haus gelockt werden. Um all diese unerwünschten Nebeneffekte zu vermeiden, ist es wichtig, bei der Artenwahl überlegt vorzugehen und sich genau über die Bedürfnisse der zukünftigen grünen Gefährten zu informieren.

Kommunikation
MIT PFLANZEN

DAS GEDEIHEN DER GRÜNEN MITBEWOHNER hängt sehr davon ab, wie gut wir ihre Sprache verstehen. Pflanzen sprechen nicht laut, aber deutlich, indem sie zeigen, wie es ihnen geht. Sie können sich nicht weit fortbewegen, aber sie bewegen sich ständig im Kleinen, wie man mit Zeitrafferaufnahmen beobachten kann. Sie tasten sich vor, reagieren auf ihre Umwelt und senden Botschaften aus. Und das nicht nur an der Oberfläche. Unter der Erde kriechen ihre Wurzeln wie suchende Würmer. Sie sehen jeden Tag anders aus, drehen sich, wachsen voran oder sterben ab. Pflanzen kommunizieren untereinander, kennen aber auch ihre menschlichen Betreuer und können sogar Gedanken lesen. Wir fühlen uns ihnen überlegen, weil sie sehr empfindlich und scheinbar wehrlos wirken. Aber was wissen wir von ihnen? Sie leben in einer anderen Welt und wissen vielleicht mehr über uns als umgekehrt. Um zu erahnen, was in ihnen vorgeht, können wir sie nur beobachten. In einem Video mit dem Titel » The Flower Experiment «, das über die sozialen Internet-Netzwerke verbreitet wurde, sind nebeneinander drei gleichartige Blumentöpfe mit unterschiedlichen Beschriftungen zu sehen: » I love you «, » Ignored « und » I hate you «. Im Zeitraffer wird gezeigt, wie sich die drei Blumen entwickeln. Die ignorierte Pflanze geht zuerst

ein. Die geliebte Pflanze gedeiht prächtig. Und die gehasste Blume lässt alles hängen. Daraus dürfen wir schließen, dass die unterschätzte Flora nicht nur die englische Sprache beherrscht, sondern auch alle anderen menschlichen Botschaften versteht, egal ob wir sie aufschreiben, aussprechen oder nur denken.

Pflanzen reagieren auf Zuneigung – seien es positive und liebevolle Nachrichten oder herzförmige Dekorationsbeigaben am und im Topf.

Gehen Sie behutsam mit Ihren pflanzlichen Mitbewohnern um, z. B. wenn trockene Triebe ausgeschnitten werden.

Pflanzen reagieren auf Gedanken

Die Oszilloskop-Experimente von Cleve Backster, einem führenden Experten im Bereich von Lügendetektoren, haben Erstaunliches ergeben: Pflanzen spüren, was Menschen mit ihnen vorhaben und verändern ihre Spannung, wenn man die Absicht hat, sie zu gießen, zu beschneiden oder umzutopfen – und zwar noch ehe man dies tatsächlich tut! Auch bei Berührungen änderte sich der elektrische Widerstand in den Blättern. Wenn sie sich bedroht fühlen, zeigten sie so starke Reaktionen, dass man sie als Angst interpretieren kann. Pflanzen nehmen offenbar wahr, was in ihrer Umgebung passiert und können auch so etwas wie Mitgefühl zeigen. Die Wiederholung der Beweise von Backster gelang nicht in allen Fällen, weil die Pflanzen nicht mitspielten, wenn sie spürten, dass die Absichten der Forscher nicht ehrlich waren. Wenn die Bedrohung massiv war, schienen sie in eine Art Schockstarre zu verfallen und keinerlei Reaktionen mehr zu zeigen. Pflanzen können bestimmte Personen wegen ihren Einstellungen heftig ablehnen und mit massiven Ausschlägen reagieren. Backster glaubt, dass Pflanzen auch über große Entfernungen hinweg mit ihren Betreuern verbunden bleiben und telepathisch auf Gedanken reagieren. Rupert Sheldrake, ein britischer Biologe und Autor, vermutet, dass die Kommunikation nicht auf der stofflichen Ebene stattfindet, sondern im Bereich der morphogenetischen Felder. In diesen feinstofflichen Feldern ist die ganze Entwicklung der Pflanze festgelegt. Vergleichbar mit den Bauplänen, die hinter jeder Architektur stecken, aber im Gebäude selbst nicht auffindbar sind. ∎

Pflanzen
HABEN EIN GEDÄCHTNIS

RUPERT SHELDRAKE IST AUCH DAVON ÜBERZEUGT, dass Pflanzen Erfahrungen sammeln und ihre Erlebnisse speichern können. Es deutet vieles darauf hin, dass sie sogar lernfähig und trainierbar sind. Sie können ihr Verhalten ändern, wenn sie neue Umwelterfahrungen machen. Experimente mit elektrostatischen Feldern haben ergeben, dass sich hochgezüchtete Maissorten an ihre ursprünglichen Baupläne erinnern können und wieder zu ihren Wildformen zurückkehren. Wie erkennt eine Pflanze, dass es Zeit für sie ist, zu keimen oder zu blühen? Eine Forschungsgruppe an der Universität Zürich fand gemeinsam mit einem japanischen Team heraus, dass Pflanzen offenbar fähig sind, die klimatischen Bedingungen über längere Zeiträume zu beobachten und Schlüsse daraus zu ziehen. Sie lassen sich von extremen Wetterkapriolen nicht beirren, sondern greifen auf ihre Erfahrungswerte zurück. Das Datum und die geografischen Koordinaten erkennen sie an der Länge der Nächte. Manche Pflanzen, wie zum Beispiel Tomaten, sind besonders wetterfühlig und reagieren bereits Tage im Voraus auf einen Wetterumschwung. Jeder kundige Gärtner weiß, dass lokale Saatgutsorten besser an die klimatischen Verhältnisse angepasst sind als hochgezüchtete Standard-Hybridsorten. Und dass man im Glashaus vorgezogene Setzlin-

ge langsam abhärten muss, damit sie im Freien überleben. Vermutlich können sich Pflanzen auch an großräumige Klimaveränderungen anpassen, wenn diese langsam genug erfolgen. Von Zimmerpflanzen wissen wir, dass sie sich durch

Krokusse wissen genau, wann der richtige Zeitpunkt gekommen ist, ihre Blüten zu öffnen.

einen kleineren Wuchs anpassen und auf häufige Standortveränderungen mit Stresssignalen reagieren.

Pflanzen reagieren auf Berührungen

Der Mensch möchte anfassen, was er liebt. Jedoch sind unsere grünen Freunde über diese Art der Zuneigung nicht immer begeistert. Fakt ist, dass sie die Berührungen spüren und darauf reagieren. Forschungen haben ergeben, dass sie robuster werden, aber auch kleinwüchsiger bleiben, wenn sie häufig Körperkontakt erleben. So-

Mimosen klappen bei Berührungen und Zugluft ihre Blattfiedern zusammen.

gar auf gewöhnlichen Wiesen kann man feststellen, dass die Kräuter kleiner bleiben und sich mehr Bodendecker bilden, wenn sie häufig gemäht oder betreten werden. Die meisten Gewächse reduzieren ihr Wachstum deutlich, sobald sie das erste Mal beschnitten worden sind. Auf mechanische Beanspruchungen durch Wind reagieren sie ähnlich, wie wenn man die Zweige von Hand hin und her biegt. Sie verlangsamen ihr Wachstum, blühen später und werden kräftiger. Das kann sich durchaus positiv auf den Ertrag auswirken, weil der Berührungsstress auch resistenter gegen Schädlinge macht. Pflanzen, die überhaupt nicht berührt werden wollen, können das durch Absondern von Giftstoffen anzeigen. Mimosen klappen ihre Blätter zusammen, wenn man ihnen zu nahe kommt, und wagen sie erst nach einer halben Stunde wieder zu öffnen. Wenn man bedenkt, dass Pflanzen nicht weglaufen können und wie leicht sie durch Berührungen verletzt werden können, ist es logisch, dass sie sich zu schützen versuchen. Am empfindlichsten sind die Wurzeln. ∎

Liebevolle Berührungen werden von der Pflanze positiv erwidert.

MIT BEDACHT
Wenn man seine Lieblinge anfassen möchte oder muss, so sollte man dies behutsam tun. Sie mögen es lieber zärtlich, ohne Drücken und Quetschen, Brüche oder Schnitte. Sanfte Streicheleinheiten können die Pflanze stärken und vorbeugend gegen Krankheiten wirken.

Viele Pflanzen wie dieses Usambaraveilchen sind in der Lage, aus der Schnittstelle Ableger zu bilden.

Pflanzen nehmen die Umgebung und die Schwerkraft wahr und drehen sich dem Licht zu.

Pflanzen-Neurobiologie

Pflanzen besitzen keine Nerven, aber eine Art elektrisches Reizleitungssystem, mit dem sie sehr feinfühlig auf ihre Umwelt reagieren. Auch in abgeschnittenen Pflanzenteilen befindet sich immer noch Leben. Zwar scheint das Zentrum ihres Lebens in den Wurzeln zu sitzen, aber aus abgebrochenen oder abgeschnittenen Trieben und Zweigen lassen sich Stecklinge ziehen, die neue Wurzeln ausbilden. Auch die reifen Samen und Früchte sind voller Leben, egal wie weit sie vom Stamm gefallen sind. Die Wirkkräfte der Pflanze verschwinden selbst im getrockneten Zustand nicht, auch wenn sie scheinbar jeden Lebensfunken ausgehaucht hat. Wer glaubt, dass es über das Materielle hinaus nichts gibt, kann das nicht verstehen. Betrachtet man die Pflanze jedoch als feinstoffliches Gefühlswesen, deren Bewusstsein in einer höheren Dimension verankert ist, ist nichts verwunderlich. Pflanzen besitzen also Sensoren, in welcher Form auch immer, mit denen sie Informationen aus der Umgebung aufnehmen können, um daraus zu lernen und sich bestmöglich anzupassen. Diese Wahrnehmung ist feiner, präziser und schneller als die der Menschen. Stefano Mancuso, Professor am Internationalen Institut für Neurobiologie in Florenz, glaubt, dass Pflanzen über zahlreiche Sinne verfügen, die dem Menschen fehlen. Sie können zum Beispiel die Schwerkraft beim Wachstum berücksichtigen und chemische Zusammensetzungen analysieren.

Pflanzen sind auf jeden Fall wahre Anpassungskünstler und kommen binnen kürzester Zeit mit neuen Bedingungen zurecht. Sie verhalten sich nicht passiv, sondern verfügen über eine breite Palette von Reaktions- und Interaktionsmöglichkeiten.

Können Pflanzen leiden und Schmerzen empfinden?

Die Vorstellung, dass Pflanzen Schmerz empfinden, ist grausam, weil sie nicht fliehen oder sich retten können. Bei Menschen und Tieren haben Schmerzen eine Warnfunktion. Unbestritten ist, dass Pflanzen Verletzungen bemerken und darauf reagieren. Dass sie dabei leiden, ist jedoch unwahrscheinlich. Wenn wir davon ausgehen, dass sich das Ich-Bewusstsein nicht in der dreidimensionalen Welt, sondern in einer höheren Dimension befindet, ist es ziemlich irrelevant, ob stoffliche Leitsysteme vorhanden sind oder nicht. Beim Menschen ist das Schmerzempfinden vom Bewusstsein abhängig, wie man an Phantomschmerzen sehen kann. Vermutlich empfinden Pflanzen keine Schmerzen, wie wir sie kennen, sehr wohl aber eine energetische Schwächung bzw. Schäden in der Aura. Schnitte und Ortsveränderungen sind Stressfaktoren, die sie sich meist auch anmerken lassen. Wenn Salate oder Kräuter zu früh beschnitten oder abgeerntet werden, können sie wie traumatisiert reagieren und ihr Wachstum stoppen. Wissenschaftler der Justus-Liebig-Universität Gießen und des Max-Planck-Instituts für chemische Ökologie in Jena haben entdeckt, dass die ganze Pflanze über ein elektrisches Reizleitungssystem informiert wird, wenn ihr Gewebe irgendwo verletzt wird. Das bedeutet jedoch nicht, dass Leiden damit verbunden sind. Die Pflanze benötigt diese Informationen, um sich effektiv schützen zu können. Sie tut dies, indem sie zum Beispiel Abwehr- oder Giftstoffe produziert, Dornen, Stacheln oder Borsten hervorbringt, oder ihre Blätter durch die Einlagerung oder Bildung bestimmter Substanzen ungenießbar macht. Außerdem kann sie die Nachbarpflanzen durch das Verströmen von Duftbotenstoffen vor den Fressfeinden warnen. ■

Ulmen produzieren beim Befall mit dem Ulmenblattkäfer Substanzen, die deren Feinde anlocken.

Kommunikation
ZWISCHEN PFLANZEN

DASS PFLANZEN IHRE NACHBARN WAHRNEHMEN und auch untereinander lebhaft kommunizieren, bleibt meist unbemerkt. In ihren Aura-Feldern werden ständig Informationen gesammelt und an die Umgebung abgestrahlt. Im stofflichen Bereich werden chemische Botschaften, Düfte, Knackgeräusche und Klänge benutzt, um sich zu verständigen. Auch die optischen und chemischen Signale einer Pflanze lassen sich als Sprache verstehen. Dornen, Stacheln, Borsten, scharfe Kanten und Brennhaare bedeuten, dass man ihnen nicht zu nahe kommen sollte. Mit Farben und Düften werden Insekten angelockt. Waldbäume kommunizieren mit Ultraschallsignalen. Wird ein Baum gefällt, wissen bald auch anderen Bescheid. Besonders mitteilsam ist der wilde Kojoten-Tabak *(Nicotiana attenuata)*. Wenn er von Raupen befallen wird, kann er

Akazien bilden Duftstoffe, wenn an den Trieben gefressen wird. Die anderen Pflanzen produzieren dann Bitterstoffe als Fraßschutz.

deren Fressfeinde anlocken, indem er flüchtige Duftstoffe produziert. Die Pflanzen kommunizieren auch unterirdisch, denn ihre Wurzeln sind durch Pilznetze eng miteinander verflochten. Manche Arten wie zum Beispiel Bohnen verströmen spezielle Gerüche, wenn sie von Schädlingen attackiert werden, und warnen damit ihre Nachbarn. In der Natur sind die symbiotischen Verflechtungen sehr wichtig für die Gesundheit des ganzen Biotops. Indem man Pflanzen in Innenräumen isoliert, nimmt man ihnen diese Kommunikationsmöglichkeiten. Wenn man mehrere Sorten, die sich gut vertragen, in einen gemeinsamen Topf setzt, kann sich eine Art Mini-Biotop bilden. Auch scheinbar unnütze Beikräuter, die von selber aufgehen und mit der Hauptpflanze harmonieren, sollte man aus diesem Grund stehen lassen.

Flüchtige organische Verbindungen

VOCs (Volatile Organic Compounds) sind gasförmige, flüchtige, organische Verbindungen, die Pflanzen ständig ausdünsten und sich auch in ätherischen Ölen befinden. Sie setzen sich aus unzähligen verschiedenen Substanzen zusammen, die unter anderem zur Klasse der Terpene gehören. Das menschliche Immunsystem reagiert auf diese Gase. Die Abwehrzellen im Blut steigen nachweislich um mehr als 50 % an, wenn Menschen sich zwei Tage hintereinander im Wald aufhalten. In Japan sind Waldspaziergänge eine anerkannte Methode zur Vorbeugung gegen Krankheiten. Auch Gartenarbeit kann therapeutisch wirken. Blumen im Vorzimmer oder am Besprechungstisch können dazu beitragen, dass

Auch der Kojoten-Tabak lockt Freßfeinde an, wenn er von Raupen befallen wird.

die Verhandlungen harmonischer verlaufen. Unter normalen Verhältnissen emittiert jede einzelne Pflanze 40 bis 50 verschiedene Stoffe. Wenn sie unter Stress steht, sind es noch viel mehr Substanzen, mit denen sie über das Medium Luft mit anderen Wesen kommuniziert. Der bekannteste flüchtige Botenstoff ist das Pflanzenhormon Ethylen, das unter anderem für die Fruchtreifung zuständig ist. Es ist verantwortlich dafür, wenn durch einen faulen Apfel weitere Äpfel angesteckt werden oder vorzeitig reifen. Durch künstliche Begasung mit Ethylen lassen sich alle Früchte einer Obstladung gleichzeitig zur Reifung bringen. Diese Früchte sind jedoch nicht so aromatisch, wie sonnengereiftes Obst. VOCs sind quasi das Alphabet der Pflanzensprache, das auch von den Insekten verstanden wird. Durch die Kombination verschiedener VOC-» Buchstaben « ergibt sich ein breites Spektrum an Mitteilungsmöglichkeiten. ◼

Klangspiele wirken nicht nur auf Menschen, sondern auch auf Pflanzen beruhigend.

Pflanzen und Musik

Wenn wir davon ausgehen, dass die Gruppenseelen der Pflanzen ihr Ich-Bewusstsein nicht in der materiellen Welt, sondern in der Welt der Schwingungen verankert haben, wundert es uns nicht, dass sie empfindlich auf Musik reagieren. Unsere grünen Freunde lieben vor allem die natürlichen Geräusche und freuen sich auch über menschliche Kompositionen, wenn sie harmonisch klingen. Wissenschaftsjournalist und Buchautor Joseph Scheppach kam zum Schluss, dass Pflanzen keine Hörorgane besitzen wie Menschen und Tiere, aber Hörmembranen in jeder Zelle, die viel feinere und empfänglichere Antennen darstellen. Lärm und disharmonische Klänge können das Wachstum hemmen. Die grünen Gesellen leiden auch indirekt unter

Lärm, weil Vögel und andere Tiere, die zu ihren Symbiosewesen gehören, das Weite suchen. Aber auch das vollständige Fehlen von Geräuschen wirkt sich nachteilig aus. Die gezielte Beschallung von Nutzpflanzen für mehr Ertrag führte zu solch überzeugenden Ergebnissen, dass es mittlerweile sogar Komponisten gibt, die spezielle Lieder und Melodien für Gewächse entwickeln. Der französische Physiker und Musiker Joel Sternheimer hat seine wachstumsfördernden Klangfolgen patentieren lassen. Die These, dass Pflanzen besser gedeihen, wenn man mit ihnen spricht, hat also durchaus einen wissenschaftlichen Hintergrund. Es kommt dabei wohl weniger auf die Wortwahl an als auf den Klang der Stimme. Auch Summen und Singen wird positiv angenommen. Und es bleibt nicht unerwidert! Denn die Pflanzen erzeugen auch selber Töne, die hörbar gemacht werden können. ∎

Lärm hemmt das Wachstum von Pflanzen und vertreibt viele Symbiose-Wesen.

FEINSTOFFLICHE
Naturwesen

NATURWESEN WIE ELFEN, FEEN UND KOBOLDE sind unsichtbare Wesenheiten, die nicht an stoffliche Organismen gebunden sind und den Pflanzen dabei helfen, sich prächtig zu entwickeln. Hellsichtige Menschen können sie wahrnehmen, jedoch nicht wie physische Wesen, sondern als zarte und durchscheinende Gestalten. Da sich die Wahrnehmungen im Detail nicht decken, sind genauere Beschreibungen nicht möglich.

Naturwesen können klein wie Tautropfen sein oder so groß wie ganze Berge oder Landschaften.

Wer mit diesen Wesen in Kontakt treten möchte, muss an sie glauben und sich auf ihre Anwesenheit einstimmen. Sie bevorzugen unberührte Biotope mit vielen Kleintieren. Auffallend harmonische Kraftplätze mit großer Artenvielfalt und schönen Wuchsformationen deuten darauf hin, dass viele Naturwesen am Werke sind. Margot Ruis erklärt in einem Youtube-Video, dass sie ihre Präsenz als fühlbare Energiefelder wahrnimmt.

Die Kommunikation erfolgt durch Gefühle, lautlose innere Stimmen und das Empfangen von Gedankenimpulsen. Die Wesen können Fragen beantworten, indem sie Symbole oder Bilder zeigen.

Margot Ruis teilt ihre Erfahrungen mit ihrem Mann und verschiedenen Seminarteilnehmern und ist sich daher sicher, dass es sich um keine subjektiven Fantasien handelt. Die Naturwesen lassen sich den vier Elementen zuordnen und der Größe nach unterscheiden. Man nennt sie daher auch Elementarwesen. Es gibt ganz kleine, die nicht größer als ein Tautropfen sind. Mittelgroße und sehr riesige, die sich über ganze Landschaftsteile erstrecken. Die urig aussehenden Faune sind die Wesen der Bäume. Alle Naturwesen sind den Landschaftsengeln und Naturgöttinnen unterstellt.

Pflanzenessenzen
UND AROMAÖLE

MAN GEHT IM ALLGEMEINEN DAVON AUS, dass nur Organismen, die über ein lebendiges Gewebe verfügen, einen Geist, ein Wesen, ein Bewusstsein oder eine Seele besitzen – wie auch immer man es nennen mag. Die Vorstellung, dass es Wesenheiten gibt, die an keine Materie gebunden sind, ist vielen Menschen fremd. Es deutet jedoch einiges darauf hin, dass genau dies eher der Normalfall im gesamten Universum ist. Das Gefangensein in einem leiblichen Körper, wie wir es gewohnt sind, ist typisch irdisch, aber eigentlich ein Ausnahmezustand. Körperlose Wesen können sich nicht nur vollkommen frei bewegen, ohne Hindernisse und Revierstreitigkeiten, sondern sie können auch jedes beliebige Objekt besetzen. Hinter jedem technischen Gerät und auch hinter jedem Gebäude steckt ein Geist, der es erfunden und geschaffen hat. Da in der geistigen

Pflanzenessenzen lassen sich in dunklen Pipettenfläschchen lange aufbewahren.

Welt nichts verloren geht, besitzt jedes Haus seinen Hausgeist, der es zusammenhält. Auch ein Computer ist keine tote Materie, sondern hat ein feinstoffliches Wesen, mit dem wir verbunden sind, wenn wir mit ihm arbeiten. So wie beim Menschen jedes Organ als eigenes Wesen betrachtet werden kann, ist es auch bei den Pflanzen. Das Wesen der Blüten ist ein anderes als das Wesen der Wurzeln oder Blätter. Essenzen von Blüten oder Bäumen sind verdünnte Extrakte, die eine Zeit lang mit Pflanzenteilen in Berührung waren. Wasser hat die Eigenschaft, alle Informationen aufnehmen, speichern und übertragen zu können. Diese Pflanzen-Tinkturen wirken auf der feinstofflichen Ebene nicht nur beim Menschen, sondern auch bei Tieren und Zimmerpflanzen.

Baum-Essenzen lassen sich gewinnen, indem Tau oder Regen von den Blättern oder Nadeln aufgefangen wird.

Baumessenzen

Bäume sind machtvolle Erscheinungen, die größer und älter werden als alle anderen Lebewesen auf der Erde. Sie überragen die meisten Häuser und bieten zahllosen kleineren Organismen Nahrung und Unterschlupf. Jeder Baum ist etwas Besonderes und kann uns mit seinen speziellen Energien bereichern. Die Herstellung von Baum-Essenzen kann mit der Tröpfchenmethode erfolgen. Hierbei werden lebende Baumteile mit Wasser besprüht und die herunterfallenden Tropfen in einem Behälter aufgefangen. Man kann das Wasser auch nach einem Regenguss von den Ästen schütteln. Um den Charakter einer Baumart zu verstehen, kann man sich am traditionellen keltischen Baumhoroskop orientieren, in dem die Wirkkräfte von zwölf häufigen Baumarten umfassend erklärt werden. Aber es gibt natürlich noch viel mehr Arten und auch viele Kreuzungen, deren Eigenschaften man intuitiv erspüren kann. Die im Handel erhältlichen Essenzen sind mit Alkohol haltbar gemacht und mit Beschreibungen versehen, an denen man sich orientieren kann. Es gibt auch Mischungen mit Auszügen von mehreren Baumarten. Die Wesenheiten der Gehölze stehen uns wie Begleiter zur Seite stehen und können uns günstig beeinflussen, um mit persönlichen Problemen, schwierigen Lebenssituationen oder Verstimmungen fertig zu werden. ■

WIRKPRINZIP
Essenzen wirken nicht durch ihre stofflichen Zusammensetzungen, sondern rein auf der Ebene der Informationen und Schwingungen. Sie schenken uns geistige Impulse und emotionale Qualitäten wie Zuversicht, Wärme, Vertrauen, Trost, Mut, Selbstvertrauen, Klarheit, Ausdauer, Beruhigung, Geduld und so weiter.

Bachblüten UND
ÄTHERISCHE ÖLE

Bachblüten haben eine eine lange Tradition in der Naturheilkunde.

Bachblüten

Die Bachblütentherapie wurde in den 1930er-Jahren vom Engländer Dr. Edward Bach entwickelt. Wie bei den Baumessenzen liegt die Idee zugrunde, dass die speziellen Schwingungen von Blütenpflanzen auf Wasser übertragen werden können, um beim Menschen ausgleichende Wirkungen auf die Psyche zu erzielen, wenn diese aus dem Gleichgewicht geraten ist. Da die Ursachen für die meisten körperlichen Symptome im geistig-emotionalen Bereich zu suchen sind, werden die Blütenessenzen auch bei gesundheitlichen Problemen empfohlen. Zum Therapiesystem von Edward Bach gehören 38 verschiedene Blütenarten, die zum Teil auch von Bäumen stammen. Die Essenzen werden hergestellt, indem die Blüten eine Zeit lang in Quellwasser gelegt und der Sonne ausgesetzt werden. Diese Auszüge werden stark verdünnt und mit Alkohol haltbar gemacht. Die Anwendung erfolgt tropfenweise. Die regulierenden Wirkungen der einzelnen Blütenenergien unterstützen problematische Charaktertypen bei ihrer Persönlichkeitsentwicklung, um schwierige Lebenseinstellungen, Sichtweisen, Glaubenssätze, Reaktionsmuster, Wertvorstellungen und Denkgewohnheiten abzulegen sowie verdrängte Gefühle aufzuarbeiten.

Rosenöl gehört zu den ältesten Aromaölen, die man kennt. Es wird hauptsächlich aus der Damaszener-Rose gewonnen.

Ein ähnlicher Effekt lässt sich erreichen, wenn man sich direkt mit den entsprechenden Pflanzen umgibt. Wer eine Edelkastanie vor dem Haus stehen hat, braucht deren Energie nicht in Form von Essenzen aufzunehmen. Denn die Schwingungen übertragen sich auch über die Luft und sind nicht auf das Wasser beschränkt. Bei lebenden Heilpflanzen sind die Blütenenergien allerdings nicht jederzeit verfügbar, sondern nur während der Blütezeit.

Ätherische Öle

Auch die Aromatherapie mit ätherischen Ölen ist eine Methode, um die feinstofflichen Energien von ausgewählten Pflanzenarten für Heilzwecke zu nutzen. Die Schwingungen werden hier nicht mit Wassertropfen, sondern durch Einatmen von Düften übertragen. Die Auswahl ist sehr groß und es sind auch einige Duftpflanzen dabei, die in Innenräumen gehalten werden können. Um das richtige Mittel zu finden, kann man sich im Internet schlau machen oder von Fachleuten beraten lassen. Oder man verlässt

sich einfach auf seine Intuition, denn der Körper weiß ganz genau, was er gerade braucht und zeigt dies durch seine angenehmen oder unangenehmen Empfindungen an. Wie bei den Farben und bei den Aura-Soma-Flaschen lassen auch die abgelehnten Düfte Rückschlüsse auf die Verfassung eines Menschen zu. Wer sich auskennt, kann aus den Vorlieben und Abneigungen ganze Persönlichkeitsprofile erstellen. Man kann grundsätzlich zwischen zehn verschiedenen Duftwirkungen unterscheiden: anregend und belebend, aphrodisierend, aufhellend, ausgleichend, entspannend und beruhigend, erdend, erfrischend, erheiternd, ermutigend, klärend. Die Öle werden mittels direkter Pressung, Wasserdampfdestillation, normaler Destillation oder CO_2-Extraktion gewonnen und in kleine Fläschchen abgefüllt. Die meisten ätherischen Öle dürfen nur äußerlich angewandt werden; als Kosmetikum zusammen mit pflegenden Trägerölen, als Parfum oder Raumduft. Was wirkt und heilt, sind nicht die Inhaltsstoffe, sondern das Aroma, das die feinstofflichen Energiekörper des Menschen beeinflusst. ■

Homöopathie
UND TEES

Homöopathische Pflanzen

Die Homöopathie ist eine ganzheitliche Natur-heilmethode, die den Menschen zur Selbstheilung anregt. Es gibt Tausende verschiedene homöopathische Mittel, das Angebot ist sehr unübersichtlich und daher für Eigenanwendungen nicht geeignet. Alle Zutaten sind natürlichen Ursprungs, es handelt sich um keine Produkte der chemischen Industrie. Die Ausgangsstoffe sind meist giftig und stammen nicht nur von Pflanzen, sondern auch von Mineralien und Tieren. Homöopathen suchen nach Stoffen, die bei gesunden Menschen ähnliche Beschwerden auslösen wie die, die der Patient gerade hat. Durch diese Vorgehensweise werden die Symptome nicht unterdrückt, sondern der kranke Körper erhält einen Anstoß, um in sein Gleichgewicht zurückzufinden. Die Methode ist inzwischen mehr als 200 Jahre alt und offiziell anerkannt, obwohl ihre Wirkungsweise für Menschen nicht nachvollziehbar ist – schließlich werden die Substanzen, die heilen sollen, so stark verdünnt, dass eine stoffliche Wirkung ausgeschlossen werden kann. Was für Materialisten wie Zauberei oder Alchemie aussieht, ist für spirituelle Menschen nichts Überraschendes. Denn das, was heilt, sind die feinstofflichen Informationen, die umso stär-ker zur Wirkung kommen, je weniger Materie vorhanden ist. Der Organismus erkennt sein Problem auf der nicht körperlichen Ebene und kann reagieren, indem er die verdrängten Gefühle erlebt, die sein Bewusstsein verändern. Die eigentliche Heilung erfolgt im emotional-geistigen Bereich und der Körper profitiert davon, indem er gesundet. Homöopathische Mittel gibt es nicht nur von Pflanzen und Tieren, sondern auch für Pflanzen und für Tiere.

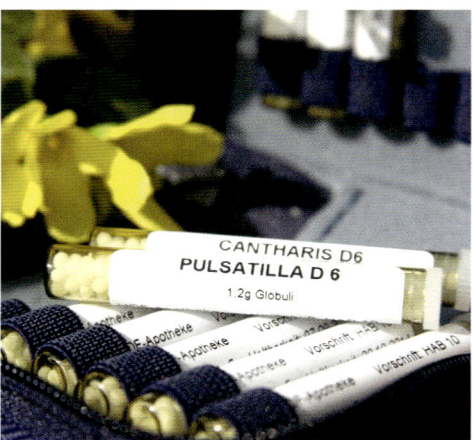

Globuli dienen als Medium zum Transport der Informationen der Pflanzen.

Pflanzliche Abgüsse, Tees und klare Suppen

Die Pflanzenwelt ist wesentlich älter als die Menschheit und steht vollkommen in Resonanz mit den Gesetzen des Universums. Alles ist perfekt aufeinander abgestimmt und funktioniert wie ein endloses Perpetuum mobile. Der Mensch jedoch verhält sich wie ein Fremdkörper und ist auf die Heilkräfte der Natur angewiesen, die unermüdlich alles wieder gut macht, was er schädigt und zerstört. Ganzheitlich denkende Menschen betrachten den Körper nicht als Chemiebaukasten, sondern suchen die Ursachen ihrer Krankheiten im Bereich der Psyche und des Geistes. Die zweifelhaften Segnungen der Pharmaindustrie sind eine relativ junge Entwicklung, um Krankheiten durch Verabreichung von chemischen Substanzen auf der materiellen Ebene in den Griff zu bekommen. In all' den Jahrtausen-

Tinkturen und kalte Abgüsse lassen sich aus vielen Pflanzen herstellen.

den davor hatten die Menschen nur natürliche Heilmittel zur Verfügung. Wenn man verschiedene Heilkräuterrezepte studiert, merkt man bald, dass die Anwendung in Form von Tees zu den Standards gehört. Tees werden meist getrunken, manchmal auch für Spülungen, Umschläge oder Waschungen empfohlen. Manche Zutaten müssen kalt angesetzt werden. Der Unterschied zwischen Tees, Tinkturen, Essenzen und klaren Gemüsebrühen ist ein fließender. Kalte Abgüsse können nicht nur von frisch abgeschnittenen oder getrockneten Teilen erfolgen, sondern auch von lebenden Pflanzen aus besonderen Regionen. ■

Tees aus Heilpflanzen sind natürliche Mittel zur Behandlung und Milderung vieler Beschwerden.

KRÄUTER FÜR MENSCHEN UND PFLANZEN
Jede einzelne Pflanze ist anders und auch von ihrem Standort geprägt, dessen geomantische Qualitäten mit einfließen können. Kräuterauszüge sind nicht nur für Menschen gut, sondern man kann sie auch als Dünger ins Gießwasser mischen.

NAHRHAFTE UND
HEILSAME *Zimmerpflanzen*

BEI ESSBAREN PFLANZEN kann man zwischen gesunden Nahrungsmitteln, Gewürzen und Heilkräutern unterscheiden, wobei eine genaue Abgrenzung nicht möglich ist. Während man von Lebensmitteln relativ große Mengen essen kann, werden Gewürze nur sparsam eingesetzt, weil die Gerichte sonst zu intensiv schmecken. Viele Wildpflanzen eignen sich gut als Zutaten zum

Frische Kräuter aus der Küche bereichern nicht nur den Spieseplan, sie nähren uns auch mit gesunden Schwingungen.

Salat, sind aber nicht wie Gemüsepflanzen zu verwenden, sondern eher wie milde Salat- oder Küchenkräuter. Bei Heilkräutern ist Vorsicht geboten, weil sie pharmakologisch wirken. Um keine unerwünschten Folgen oder Nebenwirkungen zu bekommen, sollten Sie bei Kräutertees und Gewürzkräutern, die zugleich Heilkräuter sind, auf Abwechslung achten. Gesammelte Wildkräuter und Wildgemüse halten mehrere Tage und geben in dieser Zeit ihre feinstofflichen Energien ab, wenn man sie wie Blumen einfrischt. Wenn man sich für essbare Blattpflanzen entscheidet, sollte man sich bei der Ernte zurückhalten, damit man die Pflanze nicht überfordert. Auch wenn sich keine Früchte bilden oder die Früchte nicht ausreifen, beleben essbare Pflanzen den Raum durch ihre gesunden Schwingungen, die den Menschen grundsätzlich nähren, wenn auch nicht magenfüllend. Das gilt besonders für Avocadobäumchen, Bananenstauden, Ananasstauden und Zwergdattelpalmen. Wer ein Gewächshaus besitzt, hat mehr Möglichkeiten, sich mit selbst Angebautem zu versorgen. Fetthenne, Kaktusfeige, Zitrusbäumchen, Süßkartoffeln und Erdnusspflanzen können kleine Ernten einbringen. Allerdings sollten sie aus biologischer Anzucht oder selbst angezogen sein, sonst ist der Verzehr nicht zu empfehlen.

Paprika und Chili wachsen auch auf dem sonnigen Balkon oder einer Terrasse.

Heil- und Gewürzkräuter

Die Auswahl bei den Heilpflanzen, die man auch im Zimmer halten kann, ist eher überschaubar. Currykraut, Zimmerknoblauch, Aloe Vera, Australisches Veilchen, Chrysanthemen, Frauenhaarfarn, Sauerklee, Jiaogulan, Myrte, Rosenblütenblätter, Passionsblume, Früchte von Zierpfeffer und Zierpaprika, Zitronengras, Feinstrahlaster, Hibiskus, Stevia und Zitronenverbene gehören zu den traditionellen Naturheilmitteln mit gesundheitlichen Wirkungen. Ihre Inhaltsstoffe, ihre Wirkweise und wie sie anzuwenden sind, sind in vielen Ratgebern und im Internet nachzulesen. Wenn man jetzt noch jene Topfpflanzen hinzuzählt, die man im Zimmer ankeimen, vorziehen und im Herbst nachreifen lassen kann, wird die Liste deutlich länger. Sie müssen zwar im Sommer auf die Terrasse oder in den Wintergarten, bleiben aber in der Nähe

des Hauses und geben ihre feinstofflichen Energien ab. Wer keinen Balkon hat, kann sich vielleicht eine außen liegende Fensterbank einrichten, auf der ein paar Töpfe Platz finden. Man benötigt dazu aber auf jeden Fall eine Absturzsicherung aus Holz- oder Metallstäben, die man mit etwas handwerklichem Geschick auch selber bauen kann. Zu den Heilpflanzen zählen durchaus auch die Vitalpilze, die in Räumen gedeihen, die eine erhöhte Luftfeuchtigkeit aufweisen. Das Substrat darf nicht austrocknen, daher kommen vor allem Badezimmer, Küche und Keller als Standort infrage. Andere Zimmerpflanzen sind zwar nicht als Nahrungsmittel genießbar, haben aber eine Bedeutung für Körperpflegemittel, ätherische Öle, Essenzen oder homöopathische Präparate. ■

Chrysanthemenblüten sind nicht nur in China als Tee ein beliebtes Alltagsgetränk.

WAS MACHT DEN *grünen* *Daumen aus?*

DIE REDEWENDUNG Der hat einen grünen Daumen « besagt, dass jemand gut mit Pflanzen umgehen kann, weil sie offensichtlich bestens gedeihen. Liegt es wirklich am » Händchen «, wenn jemand ein besonderes Talent fürs Gärtnern zeigt? Auf jeden Fall ist braune Gartenerde unter den Fingernägeln ein Zeichen, dass kein distanziertes Verhältnis zu seinen grünen Schützlingen hat, sondern sich tatkräftig um sie kümmert.

Kann man sich den Erfolg also erarbeiten oder liegt es doch an anderen Faktoren, ob das Grünzeug fleißig sprießt und die schönsten Blüten treibt? Und spielt es vielleicht auch eine Rolle, wie man sich den Pflanzen nähert und sie berührt? Ist alles bloß eine Frage der guten Versorgung oder sind die idealen Standort- und Bodenverhältnisse gar nicht so wichtig, wenn nur alles mit Liebe getan wird? Wenn wir annehmen,

Pflanzen wachsen und blühen, wenn ihre Bedürfnisse gehört und erfüllt werden.

•

dass Pflanzen feinstoffliche Wesen sind, kommt es sicher nicht nur auf technisches Können an, sondern auch auf die Fähigkeit, eine fruchtbare Beziehung zu ihnen aufzubauen. Nach dem kosmischen Resonanzprinzip sind Pflanzen auch Spiegel, Anzeiger und Antennen für die energetischen Verhältnisse in ihrer Umgebung, wozu auch wir als ihre Betreuer gehören. Wer mit sich selbst im Einklang ist, fühlt sich harmonischer mit den Grünwesen verbunden. Zur Einsatzbereitschaft und den Erfahrungswerten kommen also sicher auch sogenannte » soft skills « wie Einfühlvermögen, innere Ausgeglichenheit, Zuneigung, Freude und Aufmerksamkeit, damit die Grünraumgestaltung gelingt.

» Wenn du in Harmonie bist mit der Natur, mit allen Lebewesen um dich herum, dann bist du in Harmonie mit allen menschlichen Wesen. «
Jiddu Krishnamurti, indischer Philosoph

Informationsbeschaffung und Flexibilität

Die Bedürfnisse der Pflanzen sind so unterschiedlich, dass es nicht möglich ist, sie zu erraten, wenn man sie nicht kennt. Die gängigsten Zimmerpflanzen tolerieren zwar viele Pflegefehler über einen gewissen Zeitraum, aber um optimale Ergebnisse zu erzielen, kommt man nicht umhin, sich genauer zu informieren. Wer zum Beispiel nicht weiß, dass die Pflanze eine Winterpause benötigt oder sich in der kalten Jahreszeit komplett zurückzieht, wird sie vielleicht sogar wegwerfen oder viel zu viel gießen und düngen, um sie wieder aufzupäppeln, statt sie an einen kühleren Ort zu stellen und in Ruhe zu lassen.

Viele Orchideen wie diese Cymbidien brauchen eine Ruhezeit im Winter, in der sie weniger gegossen werden und kühler stehen müssen, damit sie im Folgejahr Blüten ansetzen.

Detaillierte Infos finden Sie auf den Pflanzetiketten, im Internet, in einschlägigen Gruppen und Foren und natürlich in Büchern und Zeitschriften, beim Fachhändler und beim Austausch mit Freunden. Wer sich auf Pflanzen einlässt, sollte neugierig und experimentierfreudig sein und immer wieder Lust haben, diese Wunderwerke der Natur zu erforschen. Der Umgang mit Pflanzen ist ein ständiger Lernprozess, der eine entsprechende Aufgeschlossenheit erfordert. Oft ist der richtige Zeitpunkt entscheidend, weil die Pflanzen sehr stark an den natürlichen Jahreszyklus angebunden sind. Man muss sich also an den Tages- und Jahreszeiten orientieren, wenn man eine Lebensgemeinschaft mit ihnen eingeht. ∎

PFLANZEN BRAUCHEN AUFMERKSAMKEIT
Pflanzen verändern ständig ihre Gestalt und ihre Lebensabschnitte sind relativ kurz. Sie warten nicht und Versäumtes lässt sich nicht nachholen. Keine Zeit haben, Vergessen oder Vertrösten wird nicht akzeptiert. Die grünen Gefährten wünschen sich Gärtner, die wachsam und flexibel genug sind, um bei ihren schnellen Wandlungsprozessen mitgehen zu können.

Zuneigung und Respekt UND LIEBE

Selbst empfindliche Pflanzen gedeihen gut und wachsen üppig, wenn man sie aufmerksam beobachtet und auf ihre Wünsche eingeht.

PFLANZEN LIEBEN ES, wenn man sich ehrlich für sie begeistert und reagieren bekümmert auf negative Gedanken wie solche, dass sie zu groß werden oder zu viel Pflege verursachen. Fast alle Arten reagieren empfindlich auf Schnittmaßnahmen, denn dies ist ein Zeichen, dass entweder ihr natürliches Wachstum nicht erwünscht ist oder dass sie als Nahrungsquelle im Visier stehen und dem Verzehr dienen sollen. Wenn eine Pflanze nicht wachsen will, muss man sich vielleicht fragen, mit welcher Absicht sie angeschafft wurde – denn Pflanzen merken, was man mit ihnen vorhat. Wenn man Blattgemüse pausenlos beerntet, wird das Gewächs nach kurzer Zeit an Erschöpfung eingehen. Es ist besser, ihnen zu sagen, dass sie in Ruhe groß werden dürfen und erst mal da sind, um Freude zu bereiten. Bei Salaten und Kräutern macht es nichts, gelegentlich etwas abzuschneiden. Sie gedeihen jedoch besser, wenn man sie rechtzeitig ganz zurückschneidet und zwischendurch gar nicht anrührt. Es ist außerdem von maßgeblicher Bedeutung, in welcher Wachstumsphase und zu welchem Zeitpunkt eine Pflegemaßnahme stattfindet. Damit die Pflänzchen üppig und hemmungslos sprießen, kann man entsprechende Vorstellungen visualisieren. Auch Beikräuter dürfen wachsen, damit es im Topf oder Kübel geselliger ist. Aus purer Liebe am Dasein darf alles so sein, wie es von Natur aus ist. Die Zimmerflora muss sich nicht immer unseren Plänen und ästhetischen Vorstellungen unterwerfen, sondern wir beobachten sie und greifen nur ein, wenn es notwendig ist. Sie ist unsere Lehrerin, wir sind ihre Betreuer. Wir stellen uns auf ihre feine Natur ein und sind uns ihrer Empfind-

Pflanzen haben ihren Willen und so lassen sich Kletterpflanzen nicht immer vorschreiben, wohin sie wachsen.

Wertvolle Pflanzen wie diese Orchideen mögen es nicht, wenn sie vernachlässigt werden.

lichkeit bewusst. Wir berühren sie zärtlich, sprechen mit ihnen und schicken ihnen positive Gedanken.

Wertschätzung, Achtsamkeit und Dankbarkeit

Ehrliche Zuneigung, die von Herzen kommt, ist mit Achtsamkeit und Wertschätzung verbunden. Die Energie folgt der Aufmerksamkeit, lautet eines der sieben universellen Huna-Prinzipien aus Hawaii. Das bedeutet, dass das, worauf wir unsere Aufmerksamkeit lenken, an Energie gewinnt. Damit ist nicht gemeint, dass wir Energie verlieren, wenn wir uns mit einer Idee, einer Vorstellung oder einem anderen Wesen beschäftigen, sondern dass eine feinstoffliche Verbindung entsteht, die nach dem Resonanzgesetz ähnliche Schwingungsmuster anzieht. Wenn man sich intensiv mit Pflanzen beschäftigt, kann es zum Beispiel passieren, dass sich plötzlich ein Verlag meldet und anfragt, ob man ein Buch über Ener-

giepflanzen schreiben möchte – so wie das bei diesem Buch passiert ist! Und das war nicht der einzige schöne Zufall! Dort, wo die Aufmerksamkeit hingeht, sammeln sich die Energien wie an einer energetischen Straßenkreuzung. Das Wichtigste, was wir unseren Pflanzen geben können, ist Zuwendung und Achtsamkeit. Denn sie können nicht auf sich aufmerksam machen, nicht schreien wie Säuglinge, wenn ihnen etwas fehlt. Man muss sie daher ständig beobachten, wie es ihnen geht, sie kontrollieren und betreuen. Die meisten Zimmerpflanzen überleben es nicht, wenn sie wochenlang ignoriert werden. Je sorgfältiger man ihren Zustand überprüft, umso wohler fühlen sie sich und umso besser gedeihen sie. Dazu gehört, dass man auch öfter den Finger in die Erde steckt und auf erste Anzeichen von Trockenheit oder Staunässe sofort reagiert. Lebewesen (und Dinge), die einem wichtig sind, vernachlässigt man nicht. Wenn Ihre Pflanzen dann auch noch blühen, neu austreiben oder Früchte ausbilden, ist eine besondere Wertschätzung angebracht. ■

GEDULD UND
Feingefühl

UM DIE FEINSTOFFLICHE PRÄSENZ unserer Zimmerpflanzen zu verstehen, ist viel Feingefühl und auch Geduld vonnöten. Man muss oft wochen-, monate- oder gar jahrelang warten, bis eine gewünschte Entwicklung erfolgt. Manche Hobbygärtner besitzen von Natur aus den richtigen Draht, ohne sich viele Gedanken darüber zu machen. Wenn man sich einer Pflanze nähert, ist ein gewisses Gefühl für das Aurafeld und die Le-

bensenergie Chi von Vorteil. Man wird sie dann intuitiv richtig anfassen, so wie es am besten für sie passt. Auch das Gießen benötigt viel Feingefühl, weil die Anforderungen sehr unterschiedlich sind. Allgemein sollte möglichst in der Früh gegossen werden, jedoch nicht jeden Tag, damit die Erde zwischendurch ein wenig antrocknen kann. Nicht zu schwallartig, sondern gefühlvoll dosiert. Keimlinge brauchen ständige Feuchtig-

Tauchen ist bei vielen Pflanzen besser als Gießen, da die Wurzeln komplett befeuchtet werden.

Pflanzen außerhalb des Sichtfelds müssen besonders genau beobachtet werden.

keit, während man Winterschlaf-Pflanzen – wenn überhaupt – nur gelegentlich gießen sollte. Sukkulenten benötigen viel seltener Wasser als ein Papyrusgras, das immer Wasser im Untersetzer oder Übertopf haben sollte. Auch die Wasserqualität ist von Bedeutung. Nicht zu kalt, nicht zu hart und kalkhaltig, ein wenig abgestanden und möglichst energetisiert. Manche Arten dürfen nur über den Untersetzer gegossen werden und andere bevorzugen ein regelmäßiges Tauchbad. Erfahrene Zimmergärtner achten auf die stumme Sprache der Blätter und Stiele. Auf ihre Farbe, Ausrichtung, Saftigkeit und Anmutung. Falls die grünen Mitbewohner trotzdem nicht gedeihen, kann es sein, dass sie nach dem Spiegelprinzip auf ein Leiden oder eine Stagnation reagieren, die von ihren Betreuern herrührt und nichts mit der stofflichen Versorgung zu tun hat.

Was fehlt meiner Pflanze?

Standortveränderungen, Umtopfen, starke Temperaturschwankungen, pralle Sonne, stickige Luft und Schnittverletzungen sind Stressfaktoren, die kaum eine Pflanzen gerne hat. Das Wurzelwerk ist der empfindlichste Teil, der jedoch hinter blickdichten Töpfen nicht sichtbar ist und daher schlecht kontrolliert werden kann. Orchideen und Zypergräser wachsen besser in transparenten Behältern, weil auch in der Natur Licht an ihre Wurzeln kommt. Auch bei der Jungpflanzenanzucht werden oft durchsichtige Gläser verwendet, diese sollten jedoch im Schatten stehen. Wenn der Topf ausreichend viele Abzugslöcher hat, genügt ein Blick auf die Unterseite, um zu sehen, ob die Wurzeln noch Platz haben. Zeigt eine Pflanze ein Problem, empfiehlt es sich als Erstes, die Ansprüche zu überprüfen.

Wer seine Schützlinge kennt, weiß rechtzeitig, wann gegossen werden muss – z. B. wenn die Blattspitzen schlappen.

Entsprechen die Standortbedingungen, die Luftfeuchtigkeit, die Raumtemperatur und die Bodenqualität den spezifischen Bedürfnissen? Benötigt sie vielleicht Symbiosepflanzen, die ihr fehlen? Pflanzen sind Gruppenwesen und wachsen nicht gerne allein. Arten, die in der Natur zusammen wachsen, fühlen sich auch auf der Fensterbank oder in einem gemeinsamen Topf wohl. Gibt es etwas, was die Pflanze nicht verträgt, zum Beispiel kalten Durchzug oder trockene Heizungsluft? War sie Giftstoffen ausgesetzt, die von Putzmitteln, Schimmelvernichtern, Lacken oder Klebstoffen stammen und unabsichtlich in die Luft gelangt sind? Auch Mikrowellen können tödlich wirken. Ist die Pflanzerde ausgelaugt oder durch kalkhaltiges Leitungswasser geschädigt? Oder ist die Pflanze einfach altersschwach? Ist eine Ruhephase angesagt? Die Bedürfnisse sind zu unterschiedlich, um all diese Fragen pauschal beantworten zu können, daher ist es besonders wichtig, die Ansprüche der jeweiligen Arten in seiner Obhut zu kennen. ■

ALLES IST
Schwingung

Ein künstliches Umfeld macht es Zimmerpflanzen schwer, ihr hohes Energieniveau zu halten.

WAS BEDEUTET ES, WENN EIN WESEN BESONDERS HOCH ODER FEIN SCHWINGT – im Gegensatz zu anderen, die eine niedrige Schwingung oder grobe Ausstrahlung haben? Warum ist es wichtig, die Schwingung hoch zu halten und sich nicht hinunterziehen zu lassen? Die materielle Welt wird als grobstofflich bezeichnet, während spirituell fortgeschrittene Menschen als erwacht oder vergeistigt gelten. Sie haben ein höheres Bewusstsein, weil sie ihre eigene Schöpferkraft erkannt haben und ihren Geist ganz bewusst einsetzen, um ihre Wirklichkeit zu gestalten. Die meisten Menschen sind sich nicht bewusst, dass die Realität von ihrer Art zu denken abhängt, sondern sie glauben, dass alles so ist, wie man denkt. Sie lassen andere für sich denken, übernehmen deren Meinungen und erkennen ihren eigenen Anteil nicht, wenn die Dinge nicht so laufen, wie sie möchten. Ein solcher Mensch sieht sich als von anderen Wesen getrenntes Ego und hat noch nicht verstanden, dass alles mit allem verbunden ist. Durch diese Ego-Perspektive ist die ganze Wahrnehmung verzerrt. Es kommt zu Projektionen, Schuldzuweisungen und Opferhaltungen. Die Welt wird von außen betrachtet, so als hätte sie nichts mit ihm zu tun. Ohne Mitgefühl und Verständnis. Die Antennen sind nicht offen auf Empfang gestellt, daher mangelt es an Feinfüh-

Ein Aufenthalt in der Natur wirkt aufbauend, regenerierend und erhebend.

ligkeit und Intuition. Die Lebensenergie Chi kann nicht richtig fließen, sondern wird von eigensinnigen Vorstellungen blockiert. Je mehr es uns gelingt, uns eins zu fühlen mit allem, was uns umgibt, umso besser fließt das Chi. Wir fühlen uns integriert, sind gelassen und guter Dinge.

Energie folgt der Aufmerksamkeit

Unsere Emotionen entstehen durch die Art, wie wir denken. Wenn ein Problem auftaucht oder wir etwas als unangenehm empfinden, besteht die Kunst darin, die Einstellungen so zu verändern, dass es sich wieder gut anfühlt – ohne etwas zu beschönigen oder zu leugnen. Das kann auch bedeuten, dass man harte Konsequenzen ziehen muss. Die Energie folgt der Aufmerksamkeit. Wenn wir uns mit niedrig schwingenden Menschen und deren Gedanken beschäftigen, wird das Wohlbefinden leiden. Diese Schwächung kann sogar so weit gehen, dass man anfäl-

lig für Krankheiten wird. Gefühle und Gedanken sind Schwingungen, die ähnliche Schwingungen anziehen. Um die Schwingung hoch zu halten, ist es unerlässlich, alles auszuräumen, was unser Energieniveau nach unten drückt. Dazu gehören auch ungesundes Essen und belastende Umfelder. Der Aufenthalt in der Natur und die Beschäftigung mit Pflanzen haben einen aufbauenden, regenerierenden und erhebenden Effekt. Für Zimmerpflanzen ist es auf die Dauer schwierig, ihr ursprünglich hohes Energieniveau zu halten, wenn das künstliche Umfeld wenig bietet. Denn Schwingungen sind zwar nicht materiell, sie finden aber nicht im leeren Raum statt, sondern bewegen sich in einem Resonanzfeld. Die höchst vitalen Energien der austreibenden Jungpflanzen lassen langsam nach, werden matter und schwächer. Wir können den Sprösslingen jedoch helfen, ihr hohes Energieniveau länger zu halten, indem wir ihre Daseinsbedingungen im Innenraum verbessern. Das kommt dann nicht nur den Zimmerpflanzen, sondern allen Bewohnern zugute. ■

Schwingungen IM RAUM ANHEBEN

WAS BRAUCHEN PFLANZEN, damit sie sich wohler fühlen und vitaler gedeihen? Kranke, kümmerliche und verwahrloste, ungepflegte Pflanzen verringern das Energieniveau. Wir können von ihren frischen Ursprungsenergien profitieren, indem wir sie häufig erneuern, aber diese missbräuchliche Einstellung bringt keine anhaltende Verbesserung der Raumatmosphäre. Nur wenn Pflanzen gesund alt werden, ist das Raumklima energetisch im grünen Bereich und auch für uns selbst gedeihlich. Pflanzen lieben alles, was natürlich und harmonisch ist. Formschöne Vasen und Töpfe aus Ton in Erdfarben und Grüntönen, Schneckenhäuser, Muscheln, Edelsteine und Kristalle, Bachkiesel, Moos, Rinden, Holzstücke, Zapfen, Korbgeflechte, trockene Zweige, Kork, dezenten Schmuck aus natürlichen Materialien, besondere Fundstücke wie Schwemmholz, Fe-

Schöne Gefäße machen Pflanzen vitaler.

Auch Pflanzen lieben natürliche Materialien.

dern, Schmetterlingsflügel und Herzsteine. Auch Objekte aus Gusseisen oder rostigem Eisen passen gut. Ebenso die Himmelsfarben Weiß und Hellblau. Was nicht mit Grünpflanzen harmoniert, sind grelle Farben, scharfkantige Behälter, Kunststoffe und Deko-Objekte, die optisch herausstechen. Spiegel- und Glaselemente, können das Tageslicht in Innenräumen verstärken, sollten aber nicht zu unruhig wirken. Leuchten mit Tageslichtspektrum oder spezielle Pflanzenleuchten mit bestimmen Lichtwellenlängen sind weitere Tricks, um die Lichtverhältnisse zu verbessern. Salzkristalllampen wird nachgesagt, dass sie die Raumluft mit lebenswichtigen Negativ-Ionen anreichern. Und bei Naturtonklängen von Glocken, Klangschalen, Vogelstimmen, Flöten, Gongs und Rasseln kommt Ihr Grünzeug auf der Fensterbank so richtig in Stimmung!

Orgon-Generatoren, Symbole und Heilige Geometrie

Pranaliten, auch Orgoniten genannt, sind künstlich hergestellte Magneten für Lebensenergie (Prana, Orgon, Chi) aus verschiedenen leitenden und nicht leitenden Materialien. Die eingesammelte Lebensenergie wird im Raum zerstreut, dadurch entsteht eine energetische Aufladung. Pranaliten können auch eingesetzt werden, um die Atmosphäre zu verbessern und Pflanzen mit Vitalenergie zu versorgen. Eine andere Möglichkeit ist die Verwendung von Symbolen, bildhaften Schwingungsmustern (zum Beispiel von Wasser-, Sand- oder Windstrukturen), Lichtgitter-Mandalas, Pyramiden und anderen » Heiligen Geometrien «, deren Botschaften das Unterbewusstsein ohne

Die Venusblume ist ein Beispiel für die Heilige Geometrie.

intellektuelle Umwege erreichen. Lichtgitter-Mandalas sind geometrische Muster in Mandala-Form, die nach bestimmten Gesetzmäßigkeiten aufgebaut und farblich angelegt sind. Sie wirken besonders harmonisch und brillant, weil die Proportionen auf dem Goldenen Schnitt und der Fibonacci-Sequenz aufgebaut sind. Da die Zahlenverhältnisse eine wesentliche Rolle spielen, findet man auch Muster für Heilwecke im Internet, die ähnlich sind wie die russischen Heilmethoden mit Zahlen. Sie sind oft bestimmten Themen gewidmet und dienen der Wiederherstellung der göttlichen Ordnung. ■

DIE HEILIGE GEOMETRIE
Ähnlich wie Lichtgitter-Mandalas funktioniert die sogenannte Heilige Geometrie. Bereits sehr bekannt und verbreitet sind die Blume des Lebens, die Venusblume, die Fibonacci-Spirale, der Stern-Tetraeder, der Torus und die fünf platonischen Körper. Wer möchte, kann auch Aufkleber mit verbalen Affirmationen verwenden, denn auch Geschriebenes verbreitet Schwingungen.

Permakultur
UND URSPRÜNGLICHE SAMENSORTEN

In einem Permakulturgarten wachsen alle Pflanzen zusammen und nicht in Reihen getrennt.

PERMAKULTUR ist nicht nur eine besonders nachhaltige Methode, Pflanzen zu kultivieren, sondern auch eine Lebensphilosophie. In Permakulturgärten wächst nicht alles in Reih und Glied, sondern scheinbar durcheinander, so wie die Natur es vorsieht. Wildkräuter sind Zuchtpflanzen energetisch überlegen und da viele nützlich oder attraktiv sind, muss man nicht alles ausreißen. Sie erhöhen die Artenvielfalt und können die

Pflanzengemeinschaft bereichern. Je vielfältiger ein Biotop ist, umso besser gedeiht es. In bewohnten Innenräumen ist es kaum möglich, Nützlinge wie Marienkäfer, Bienen, Spinnen und Florfliegen anzulocken, wohl aber in Wintergärten und auf Terrassen. Dafür eignen sich Duftstoffe, bunte Blumen, Insektenhotels und Vogelhäuschen. Die wichtigsten Permakulturprinzipien lauten:

Nützlinge wie dieser Marienkäfer vertilgen unermüdlich lästige Blattläuse, die den Pflanzen schaden.

- Maximale Biodiversität: Zwei Exemplare von jeder Pflanzenart oder -sorte sind genug.
- Keine nackte Erde: Freie Stellen werden entweder mit Bodendeckern bepflanzt oder mit Laub, Sägespänen, Rindenstücken oder Ähnlichem abgedeckt.
- Netzwerk-Denken: Alles hat mehrere Funktionen und ist ein Teamplayer im grünen Netzwerk.
- Kreislauf-Denken: In der Natur gibt es keine Schädlinge. Auch Organismen, die dem Abbau dienen, gehören dazu.
- Minimaler Energieaufwand: Die Natur erhält sich grundsätzlich selbst und wir greifen nur ein, um sie ein wenig zu lenken.
- Naturbelassenes und robustes Saatgut: Pflanzen, die einem elektrostatischen Feld (einfaches Hochspannungsfeld, in dem kein Strom fließt) ausgesetzt werden, können ihre Urzeitformen annehmen, wodurch der Ertrag wesentlich gesteigert wird, ohne Dünger und Pestizide.

Terra Preta, Agnihotra und EM

EM ist eine geschützte Marke der EM Research Organization Inc. Japan. Effektive Mikroorganismen, abgekürzt EM, sind eine spezielle Mischung von natürlichen Bakterien und Pilzen, die die Regeneration von biologischen Systemen vorantreiben. Dazu gehören Milchsäurebakterien, Fotosynthesebakterien und aktive Hefepilze. Ursprünglich für die Landwirtschaft und den Gartenbau entwickelt, bieten sich auch Anwendungen zur Stärkung von Zimmerpflanzen, die man entweder selbst herstellen oder fertig kau-

Der Einsatz von Effektiven Mikroorganismen (EM) fördert die Pflanzengesundheit.

fen kann, um das Gießwasser zu energetisieren oder den Kompost anzureichern. Für EM-Bokashi-Kompost sind spezielle Eimer erhältlich, mit denen man Pflanzenabfälle auch in Innenräumen kompostieren kann. Dabei entsteht kein Fäulnisgeruch.

Terra Preta, auch Schwarze Erde genannt, ist nachhaltig fruchtbar und muss nicht gedüngt werden: Kompostierbares Material und Tiermist werden mit EM und Holzkohlegrieß in luftdichten Behältern fermentiert. Die anhaltende Fruchtbarkeit entsteht durch die Aktivität der Bodenorganismen.

Agnihotra stammt aus vedischer Tradition und ist ein spezielles Feuerritual, das zur Verbesserung der Atmosphäre in einem größeren Umkreis beiträgt. Dazu benötig man ein pyramidenförmiges Kupfergefäß, getrockneten Bio-Kuhdung, reines Butterfett, Naturkornreis und bestimmte Wort-Klang-Kombinationen. Agnihotra-Asche gilt als derart wertvoll auf der Informationsebene, dass sie verschiedenen Heilmitteln und Körperpflegeprodukten beigesetzt wird. Die Luft, die durch den Rauch in Schwingung gerät, erinnert sich an ihre ursprüngliche Vitalität und regeneriert sich. ■

GANZ OHNE CHEMIE
Schutzpflanzen und Pflanzenschutz

DER GLAUBE, DASS PFLANZEN VERBORGENE KRÄFTE besitzen und dem Menschen auch Schutz bieten können, ist aus vielen Kulturen überliefert. Dazu gehört auch der Kranz aus getrockneten Pflanzenteilen, den man an vielen Eingangstüren sieht. Zu diesen Schutzpflanzen zählen Andorn, Wacholder, Wermut, Birke, Eisenkraut, Salbei, Lavendel, Disteln, Efeu, Pfingstrose, Rosmarin und Roter Sonnenhut. Schutzpflanzen, die ihre Nachbarpflanzen vor Schädlingen und Krankheiten schützen, sind Basilikum, Beifuß, Bohnenkraut, Borretsch, Brennnessel, Dill, Eberraute, Ginster, Hafer, Wermut, Zwiebel, Kaiserkrone, Kapuzinerkresse, Kerbel, Knoblauch, Lavendel, Margerite, Meerrettich, Petersilie, Pfefferminze, Rettich, Ringelblume, Rosmarin, Salbei, Schnittlauch, Sellerie und Thymian. Da Schädlinge immer nur die schwächsten Pflanzen angreifen, sollte man den Standort überprüfen, bevor man in Kampfhaltung geht. Bestehen vielleicht Unverträglichkeiten mit anderen Sorten? Ist es zu trocken, zu feucht oder ist zu wenig Platz vorhanden? Es gibt verschiedene Hausmittel, die man probieren kann: Gegen Pilzkrankheiten wird ein verdünnter Tee aus Knoblauch und Zwiebeln empfohlen. Marienkäfer und Florfliegenlarven bewähren sich als Nützlinge bei der Blattlaus-Dezimierung. Auch Brennnesselsud,

verdünnter Essig und viele homöopathische Mittel können helfen. Bevor man zu chemischen Pflanzenschutzmitteln greift, ist es besser, kranke Teile abzuschneiden oder sogar die ganze Pflanze wegzuwerfen. Denn Ihre Zimmerluft wird sicher nicht besser, wenn man Pestizide versprüht, um Schädlinge zu bekämpfen.

Offene Erde wie bei diesem Palmfarn sollte man vermeiden. Besser ist es, sie mit Bodendeckern zu begrünen.

Düngen ohne Chemie

In Innenräumen ist eine Gründüngung zwar nur beschränkt möglich, trotzdem soll die Methode erklärt werden. Im Sinne der Permakultur sollte man die nackte Erde immer mit etwas abdecken und dieses Etwas kann zugleich als Dünger dienen. Man kann die freien Flächen mit passenden Bodendeckern bepflanzen, die Biomasse produzieren, die später abgeschnitten (oder ausgerissen) und als Dünger in die Erde eingearbeitet wird. Auch Unkraut, das von selber aufgeht, sollte man nicht entfernen, sondern nach dem Ausrupfen liegen lassen. Abgefallene Blätter und Blüten eignen sich ebenso zur Bedeckung der Erde wie gemahlene Eierschalen, Holz- und Rindenstückchen, Zapfenschuppen und trockener Kaffeesatz. Als grüne Bodendecker kommen Feldsalat, Vogelmiere, Polster-Thymian, Bubikopf, kriechender Efeu, Teppich-Fetthennen und Sauerklee infrage, sofern sie sich mit den Hauptpflanzen vertragen.

Wenn man die Pflanzen umtopft, kann man als zweite Lage über der Dränageschicht, die aus gröberem Material wie Kieseln oder Rindenbrocken bestehen sollte, kompostierbare Abfälle einbringen. Diese lockern den Boden auf und ersetzen den Kunstdünger. Auch der (gut verrottete) Mist von pflanzenfressenden Tieren wie Pferden, Hühnern, Kühen und Kaninchen ist geeignet. Das Gießwasser, das weich und abgestanden sein sollte, damit es Zimmertemperatur hat, lässt sich mit EM-Keramik-Pipes aufwerten. Abgekühltes Kartoffelwasser, Brennnessel- und Wildkräuterjauchen, gewöhnliche Komposterde oder Bokashi-Kompost, zerkleinerte Bananenschalen, Steinmehl, schadstofffreie Holzasche und Maulwurfserde sind ebenfalls gute Düngemittel, die die Natur uns bietet. ■

Der üppig wachsende Bubikopf ist ideal zur Unterpflanzung anderer Zimmergewächse.

Statt Chemie können Sie Ihre Pflanzen auch mit natürlichen Düngern wie Beinwell-Brühe versorgen.

DIE BESTEN PFLANZEN
FÜR POSITIVE SCHWINGUNGEN

Die im letzten Kapitel vorgestellten Pflanzen haben sehr unterschiedliche Eigenschaften, weshalb es nicht einfach ist, eine Reihung oder Bewertung vorzunehmen. Die beste Energiepflanze ist grundsätzlich die, die in der derzeitigen Situation am besten zu den eigenen Bedürfnissen passt und deren Ansprüche in jeder Hinsicht erfüllt werden können. Einige Arten sind sehr platzgreifend, andere betreuungsintensiv und manche gefallen vielleicht optisch nicht. Man kann sich seine Lieblingspflanzen intuitiv aussuchen oder es dem Zufall überlassen, welche Arten sich anbieten. Oder man geht ganz analytisch vor und klärt mal ab, welche hinsichtlich Größe, Licht- und Raumklima-Anforderungen überhaupt infrage kommen. Sich vorher Gedanken zu machen, ist auf jeden Fall ratsam. Möchte man mehrere Arten in einem großen Pflanzgefäß unterbringen oder gar eine größere Kiste aus feinem Eichen- oder Edelkastanienholz anfertigen lassen? Soll es ein Sammelsurium mit kleinen Töpfen werden, die man austauschen kann? Oder möchte man die Fensterbänke lieber frei halten und nur eine einzige, große Zimmerpflanze halten? Vielleicht doch lieber was Kleines, was neben dem Drucker oder auf dem Schreibtisch Platz findet? Oder ist ein kleiner Dschungel neben der Badewanne gewünscht? Etwas Lianenartiges im Treppenauge? Ein freundliches Gewächs in der Diele? Oder gibt es einen Wintergarten, wo fast alles möglich ist? Die hier aufgeführten fünf Pflanzen mit den besten Schwingungen bieten ein ausgezeichnetes Gesamtpaket und eine intensive feinstoffliche Ausstrahlung.

Orchideen

Sie gelten als die Königinnen aller Blumen und es gibt sie in unzähligen Arten, Sorten und Varianten. Die pflegeleichten Gewächse gehören zu den beliebtesten Blütenpflanzen und besitzen alle guten Eigenschaften, die man von Energiepflanzen erwartet: Eine unglaubliche Ausstrahlung, feinen Duft, vielfältige Wirkungen und eine lange Tradition als Heilmittel.

S. 96

S. 88

Blattsukkulenten

Die saftreichen Dickblattgewächse gibt es in zahllosen Arten und sie zählen zu den genügsamsten Zimmergefährten, weil sie viel Wasser speichern können. Auch die Aloe vera, die Medinille, der Geldbaum und etliche Orchideen gehören dazu. Sie bezaubern nicht nur mit feinen Blüten, auch die Blattformen sind wahre Kunstwerke der Natur.

S. 93

Zypergras

Die widerstandsfähige Sumpfpflanze strahlt viel Lebensfreude aus und betont die Leichtigkeit des Seins.

S. 82

Aloe vera

Die Echte Aloe vera ist eine attraktive und robuste Sukkulente mit vielseitigen Heilwirkungen, die zur geistigen und körperlichen Gesundheit beitragen. Sie strotzt nur so vor Energie und dient nebenbei auch noch als Hausapotheke.

S. 85

Frauenhaarfarn

Das filigrane » Venushaar « gehört mit seinen dreieckigen Blättern, die an Ginkgo erinnern, zu den feinsten unter den Zimmerfarnen. Farne sind Urzeitpflanzen mit Millionen Jahre alter Geschichte und vielfältigen Heilwirkungen.

ZIMMERPFLANZEN
und das Raumklima

Stoffliche Wirkungen
UND PSYCHOLOGISCHE EFFEKTE

ZIMMERPFLANZEN BESITZEN KEIN NATÜRLICHES BIOTOP, sondern leben in einer Wohngemeinschaft mit Menschen, Haustieren, Einrichtungsgegenständen und technischen Geräten. In diesem Kapitel geht es nicht um die feinstofflichen, sondern um die stofflichen Wirkungen im Raum. Diese werden vor allem durch den Wasserhaushalt verursacht. Alle Zimmergewächse müssen mehr oder weniger häufig gegossen werden und verdunsten

dieses Wasser auch wieder. Es gibt jedoch auch Arten, die zwar eine hohe Luftfeuchtigkeit benötigen, aber wenig Gießwasser brauchen und daher auch wenig verdunsten, sodass es in Bilanz eher zu einer Austrocknung der Raumluft kommt. Dies kann durchaus von Vorteil sein, wenn die Räume zu feucht sind. Ob eine Pflanze das Raumklima verbessern kann, hängt von vielen Faktoren ab, die sich pauschal nicht beschrei-

Im Zimmer oder auf der Fensterbank leben Pfanzen in einer ganz anderen Gemeinschaft als in der Natur.

Pflanzen verbessern das Raumklima. Manche wie Sukkulenten nehmen Feuchtigkeit aus der Umgebung auf.

ben lassen. Manche Zimmerpflanzen können auch Schadstoffe binden oder abbauen, jedoch sollte dieser Effekt nicht überbewertet werden. Interessant ist auch die Anreicherung der Luft mit Duftstoffen oder weniger angenehmen Aromen. Des Weiteren können unsere grünen Mitbewohner die Raumakustik und das Ionen-Gleichgewicht verbessern. Die Linderung von Elektrosmog und die bessere Staubbindung sind Nebeneffekte, die sich durch eine höhere Luftfeuchtigkeit ergeben. Und was die Allerwenigsten wissen: Indoor-Pflanzen können auch die Temperatur etwas anheben, vor allem wenn sie blühen und zur Familie der Aronstabgewächse gehören. Schließlich haben Pflanzen im Raum auch positive psychologische Effekte, die zwar nicht messbar, aber dennoch nicht zu unterschätzen sind.

Orchideen haben durch ihren leichten Wuchs und die eleganten Blüten eine aufhellende Wirkung.

Die Gebäudekrankheit: Das Sick-Building-Syndrom

Ein subjektiv empfundener » Mief « in einer Wohnung oder einem Raum kann zu gesundheitlichen Beschwerden führen. Frauen reagieren meist sensibler auf unangenehme Gerüche als Männer. Interessant dabei ist: Der Geruchssinn des Menschen ist wesentlich feiner als das beste technische Messgerät. Über abgestandene Luft lässt sich also nicht streiten, sondern die feinere Nase hat recht. Ein Maß für die Intensität eines Geruches ist der » Olf «, der jedoch nichts über die Qualität aussagt. Auch schwache Gerüche können als stickig empfunden werden. Typische Beschwerden sind Schwindel, Müdigkeit, Kopfweh, nervöse Reaktionen, rote Augen, gereizte Schleimhäute und allergische Reaktionen. Pflan-

zen können das Raumklima beeinflussen, sie sind jedoch keine Klimageräte. Sie verbessern das Wohlbefinden vor allem durch psychologische Auswirkungen. Arten mit gerundeten Formen sorgen für mehr Ausgeglichenheit und fördern die Entspannung. Das Ambiente wirkt persönlicher und weniger nüchtern, es sieht gemütlicher aus und die grüne Farbe ist gut für die Augen. Der Blick auf ein Stück Natur kann Heilungsprozesse begünstigen. Schüler und Mitarbeiter sind motivierter und erbringen bessere Leistungen. ∎

EINE WECHSELSEITIGE BEZIEHUNG
Ob Pflanzen eine aufhellende Wirkung haben, hängt davon ab, ob ein Mensch sie mag und erfreut auf sie reagiert. Für das Wohlbefinden (auch der Pflanzen) ist auch ein möglichst hoher Anteil an natürlichem Licht maßgeblich. Dieser ist durch moderne Funktionsfenstergläser besonders bei Bürobauten oft nicht gegeben. Um die Lichtausbeute zu erhöhen, sollten sich Arbeitsplätze immer in der Nähe der Fenster befinden.

DER EINFLUSS
AUF DIE *Luftfeuchtigkeit*

Blattpflanzen wie diese Flamingoblume geben viel Feuchtigkeit an trockene Zimmerluft ab.

BEI DER BEWERTUNG VON ZIMMERPFLANZEN hinsichtlich ihres Einflusses auf das Raumklima ist der Feuchtigkeitshaushalt der wichtigste Faktor. Die relative Luftfeuchtigkeit im Raum sollte 40 bis 50 % betragen. Höhere oder niedrigere Werte von 30 bis 60 % sind zwar tolerierbar, beeinträchtigen aber das Wohlbefinden. Ist die Luft draußen kühl, kann sie wenig Feuchtigkeit auf-

nehmen und kommt daher relativ trocken in den Raum, wenn man lüftet – auch wenn sie im Freien relativ feucht ist. Diesen Effekt kann man sich zunutze machen, wenn man Innenräume austrocknen möchte. Die Temperaturverteilung innerhalb eines Raumes hängt von der Bauweise und der Art der Heizung ab. In Altbauwohnungen gibt es ein deutliches Temperaturgefälle zwischen dem warmen Kernbereich, den Innenwänden und den Randbereichen. Die Außenwände, Außenecken, Außentüren und Fensterkonstruktionen sind in der Regel am kühlsten. Da die relative Luftfeuchtigkeit von der Temperatur abhängt, ergeben sich unterschiedliche Feuchtigkeitsgrade in ein und demselben Raum. Um Schimmelbildung zu vermeiden, sollte die relative Luftfeuchtigkeit 80 % nirgendwo überschreiten. Nur mit mehreren Thermometern lassen sich Temperaturverlauf und die einzelnen Wärme- bzw. Kältezonen bestimmen. In gut gedämmten Häusern ohne Kältebrücken und bei Verwendung von Strahlungsheizungen statt Konvektorheizungen sind die Temperaturen gleichmäßiger verteilt. Trotzdem kann es zu Schimmelbildung kommen, wenn zu selten oder falsch gelüftet wird und die Gebäudehülle luftdicht konstruiert ist. Es ist immer besser, stoßweise zu lüften, statt die Fenster dauerhaft

In Büroräumen sind Pfanzen ideal, um die Luftqualität zu verbessern.

Empfindliche Urwaldpflanzen lieben das feuchtwarme Klima im Badezimmer und entwickeln sich üppig.

gekippt zu halten. Beim Stoßlüften sollten die Pflanzen in Sicherheit gebracht werden, damit sie nicht durch kalte Zugluft oder pralle Sonne Schaden nehmen.

Pflanzen in feuchten Räumen

Wohnräume sind selten zu trocken, sondern meist zu feucht. Büroräume, Verkaufsräume und Wartezimmer können dagegen zu trocken sein. Dementsprechend sollte man die Pflanzen auswählen.

Da die Pflanzen 97 % des aufgenommenen Wassers wieder verdunsten, lässt sich das Maß der Luftbefeuchtung leicht am Gießwasserverbrauch ablesen. Wer viele oder große Pflanzen pflegt, die literweise Wasser benötigen, kann die Luftfeuchtigkeit merklich erhöhen. Pro Person kann man zudem eine körperliche Verdunstung von 1 bis 2,5 Liter pro Tag annehmen. Das sind bei einer vierköpfigen Familie immerhin bis zu 10 Liter

am Tag, die die Raumluft belasten. Dazu kommt noch der Wasserdampf, der beim Kochen und Duschen entsteht. Zu den stärksten Luftbefeuchtern zählen Zypergras und Zimmerlinde. Pflanzen, die im Winter eine Ruhepause einlegen, reichern in dieser Zeit die Raumluft nicht mit Feuchtigkeit an. Die Transpiration der Pflanzen ist außerdem vom Licht abhängig. Stehen sie dunkler, verbrauchen sie nicht so viel Flüssigkeit. Bei niedriger Luftfeuchtigkeit fühlt sich der Raum kälter an als bei hoher. Ist die Luft zu trocken, muss man also mehr heizen, um ein behagliches Temperaturgefühl zu erreichen. Dadurch jedoch wird die Luft noch trockener. In schimmelgefährdeten Räumen sind Sukkulenten zu empfehlen, weil sie wenig Wasser abgeben. Im Winter kann eine mittlere relative Luftfeuchtigkeit über 55 % bereits zu hoch sein, wenn an den Schwachstellen über 80 % erreicht werden. Wer seine Räume trocknen will, muss dann lüften, wenn es draußen kühler ist als im Innenraum. Im Winter ist das meistens der Fall, im Sommer jedoch nur in den Nachtstunden. ■

Sauerstoff
UND
NEGATIVE IONEN

Pflanzen als Sauerstoff-produzenten

Pflanzen betreiben Fotosynthese, worunter man sich geläufig vorstellt, dass die Pflanzen Wasser aufnehmen, Kohlendioxid einatmen und Sauerstoff ausatmen. Dem ist nicht ganz so. Die Fotosynthese funktioniert nur bei Tageslicht. Bei Dunkelheit wird sie eingestellt. Außerdem wird auch ständig Sauerstoff aufgenommen und Kohlendioxid ausgestoßen, allerdings weniger als umgekehrt. Man findet im Internet sogar Informationen, wonach die Annahme, dass Pflanzen Sauerstoff produzieren, ein lange und weit verbreiteter Irrtum sei. Das Arizona-Experiment » Biosphäre 2 «, innerhalb einer geschlossenen Glaskuppel langfristig Leben zu erhalten, sei daher gescheitert. Das Kohlendioxid werde sehr zu Unrecht verteufelt. Unbestritten ist, dass die Pflanzen über das Gießwasser Sauerstoff aufnehmen. Bei Hydrokulturpflanzen muss Sauerstoff an die Wurzeln kommen, damit sie gedeihen. Kohlendioxid fördert das Wachstum der Pflanzen, weshalb es ganz gezielt in Gewächshäuser eingebracht wird. Von Zimmerpflanzen in Schlafräumen wird oft abgeraten, weil in der Nacht Sauerstoff verbraucht und Kohlendioxid

erzeugt wird. Diese Stoffwechselvorgänge sind jedoch für die Qualität der Raumluft nicht von Bedeutung. Lüften bleibt jedenfalls außerordentlich wichtig, nicht nur wegen der Luftqualität, sondern auch, weil geschlossene Systeme immer lebensfeindlich sind. In der Natur ist alles offen und miteinander verbunden. Die Abgrenzungen durch Mauern und Glas, die in Innenräumen gegeben sind, schirmen uns von wichtigen kosmischen Bio-Informationen ab, die die Pflanzen genauso dringend benötigen wie wir selber.

Pflanzen im Schlafzimmer haben entgegen der landläufigen Meinung keinen Einfluss auf den Sauerstoffgehalt.

Anreicherung mit Negativ-Ionen

Ein hoher Anteil an negativen Ionen in der Luft kann entspannend wirken, die Konzentration fördern und Krankheitskeime abtöten. Auch Pflanzensetzlinge sollen deutlich besser wachsen, wenn die Luft viele negativ geladene Ionen enthält. Die Ionenkonzentration im Freien ist nicht konstant, sondern vom Wetter abhängig. Die Angaben über das Verhältnis zwischen positiven und negativen Ionen sind daher sehr unterschiedlich. Durch die Verschmutzung der Luft mit Schadstoffen und Abgasen werden negative Ionen entweder neutralisiert oder positiv geladen. Schädlich sind außerdem synthetische Baustoffe, elektrostatisch geladene Materialien sowie Stahl- und Stahlbeton-Bauweisen, weil dadurch eine Art Faraday'scher Käfig entsteht. Zimmerpflanzen tragen zur Verbesserung des Ionengleichgewichts bei, ebenso natürliche Materiali-

Bromeliengewächse wie die Ananas dürfen besprüht werden, wodurch die Luft mit negativen Ionen angereichert wird.

en, Sprühwasser, Springbrunnen und künstliche Wasserfälle, Salzgefäße, Salzsteine und Salzkristall-Lampen. Natürliche Negativ-Ionen entstehen durch kosmische Strahlung, die UV-Strahlung der Sonne, radioaktive Erdstrahlung, Spritzwasser, Sprühwasser (wie beim Duschen oder mittels einer Sprühflasche), Gewitter, Regen, Schnee, verdunstendes Wasser, Windströmung bzw. Reibung der Luft an Bäumen und Bergen. Auch Pflanzen erzeugen elektrisierten, negativ aktivierten Sauerstoff. Besonders die Kiefer sei erwähnt, da sie, mehr als andere Bäume, negative Ionen durch die Spitzen der nadelförmigen Blätter produziert. ∎

Grünlilien sind wahre Multitalente bei der Verbesserung der Raumluft.

UNGESUNDES ARBEITSKLIMA
Die Konzentration von Negativ-Ionen beträgt in Büroräumen nur ein Zehntel derjenigen von unbelasteter Außenluft. Künstliche Ionen-Generatoren sind nicht zu empfehlen, weil sie Nebenwirkungen haben können.

Schadstoff- und Staubfilterung
UND WÄRMEBILDUNG

ZIMMERPFLANZEN KÖNNEN SCHADSTOFFE aus der Luft filtern und abbauen, aber nur unter bestimmten Bedingungen und auch nicht in dem Ausmaß, wie häufig propagiert wird. Eine schadstoffarme Ausstattung mit Möbeln, Stoffen und Oberflächen sowie eine ausreichende Lüftung werden durch Zimmerpflanzen nicht überflüssig. Man darf sich in der Praxis keine messbare Luftverbesserung erwarten. Die beeindruckenden Filterleistungen, die unter Laborbedingungen entstehen, werden unter gewöhnlichen Raumbedingungen bei Weitem nicht erreicht. Die Leistungswerte, die in vielen Tabellen in Prozenten angegeben werden, sind von verschiedenen Faktoren abhängig. Wenn die Luft nur gering belastet ist, zeigt sich überhaupt kein merklicher Effekt. Erst wenn die VOC-Belastung einen gewissen Grenzwert übersteigt, wird die Pflanze überhaupt zum Schadstoffabbau angeregt. Außerdem sind nicht alle, sondern nur bestimmte Pflanzen geeignet. Man müsste eigentlich vorher genau analysieren, welche Schadstoffe vorhanden sind, um die passenden Pflanzen zu finden. Daher geht nichts über eine regelmäßige und effiziente Querlüftung der Wohnung. Wenn die Pflanzen vor den Fenstern stehen, lassen sich die Fenster nur richtig öffnen, wenn die Fensterbänke freigeräumt werden. Mit Kippen wird kein ausreichender Luftwechsel erreicht. Die Pflanzen müssen außerdem gesund sein, um Reinigungsleistungen erbringen zu können. Wenn sie ständig in schlechter Luft stehen, werden sie nicht lange gesund bleiben. Denn sie brauchen – noch dringender als der Mensch – Frischluft und Tageslicht.

Biologische Luftreinigung mit Zimmerpflanzen

Viele Pflanzen, die als Luftreiniger angepriesen werden, sind giftig und nicht ungefährlich für ihre Mitbewohner. Daher ist auch die Birkenfeige nicht unbedingt als Energiepflanze zu empfehlen, obwohl sie Formaldehyd, Xylol, Toluol, Benzol und Ammoniak aus der Luft filtern kann. Ihre wachsartige Blattoberfläche schuppt mit der Zeit ab und kann Allergien und Atemreizungen auslösen. Benzol kann von Laserdruckern freigesetzt werden und gilt als krebserregend. Zimmerpflanzen entfernen Schadstoffe aus der Luft, indem sie diese einfach an ihren Blättern anlagern. Dieser Anteil ist jedoch eher gering. Ein nennenswerter Abbau von Toxinen ist nur über den Wurzelraum möglich, wo die Schadstoffe durch Bodenbakterien mineralisiert werden – vorausgesetzt, dass die belastete Luft dorthin gelangt. Dies ist bei normalen Töpfen kaum der Fall, es gibt aber im Handel zweischalige Spezialtöpfe, die so konstruiert sind, dass die Luft an der Außenseite der Wurzeln vorbei streichen kann. Organische Luftreinigungssysteme, bei denen die Luft durch ein spezielles Substrat geleitet wird, das bepflanzt werden kann, sind ebenfalls im Handel erhältlich. Auch bei Hydrokultur kommt Luft an das Wurzelwerk und es wird eine höhere Reinigungsleistung als bei der klassischen Erdkultur erreicht. Ohne Belüftung des Wurzelwerkes darf der Schadstoffabbau durch Pflanzen nicht überschätzt werden. Auch hier gilt: Schadstoffausdünstungen aus Teppichen, Möbeln, Tapeten und Wandfarben lassen sich schneller und effizienter durch regelmäßiges Lüften beseitigen als mit Pflanzen. Diese können uns dabei nur unterstützen. Damit eine Pflanze als Luftreiniger infrage kommt, darf sie im Winter keine Ruhephase benötigen, sondern muss einen aktiven Stoffwechsel aufrechterhalten. Sie muss längerfristig in stickiger Luft gesund bleiben. Sie sollte außerdem nicht chemisch vorbehandelt sein und so robust sein, dass sie keine chemische Behandlung benötigt.

Wärmebildung

Unter Thermogenese versteht man die Produktion von Wärme durch Stoffwechselaktivitäten bei lebenden Wesen. Diese Wärmebildung entsteht nicht nur bei Menschen und Tieren, sondern auch bei Pflanzen. Zimmerpflanzen können also Abwärme erzeugen und die Temperatur im Raum erhöhen. Vor allem die Blütenkolben von Aronstabgewächsen, an denen Temperaturen bis 46 °C gemessen wurden, wirken wie kleine Heizstäbe. Philodendron, Fensterblatt, Schlangen-

Palmfarne sind in der Lage, die Temperatur in der Umgebung spürbar ansteigen zu lassen.

wurz, Feuerkolben, aber auch alle Palmfarne geben spürbare Wärme ab. Dieses Aufheizen der Pflanzenorgane dient der Intensivierung des Duftes und zum Schutz der Blüte vor kalter Umgebungsluft. Gefährliche Tieftemperaturen zur Blütezeit werden damit ausgeglichen. Die Früchte von Rosskastanien sind zwar keine Zimmerpflanzen, aber wenn man sie in Innenräumen lagert, tragen sie ebenfalls zur Raumheizung bei. Die indische Lotosblume erzeugt um die 32 °C in ihren Blüten. Bei gewöhnlichen Zimmerpflanzen lässt sich direkt an der Pflanze keine Temperaturerhöhung messen, allerdings werden auch hier ca. 60 % der Energie in Form von Wärme freigesetzt und an die Umgebung abgegeben. Was jeder feinfühlige Mensch selbst überprüfen kann: Pflanzen entwickeln eine Aura, die als Wärmepolster fühlbar ist, wenn man sich der Pflanze mit offener Hand nähert. Man sieht auch im Freien, beispielsweise im Garten, dass der Schnee zuerst um die Pflanzen herum schmilzt. Wenn frostempfindliche Freilandpflanzen über den Winter eingepackt werden, damit sie nicht erfrieren, wird ihre Stoffwechselabwärme als Wärmequelle genutzt, um Frostschäden zu vermeiden. ■

Erdstrahlen UND FORMWELLEN

Manche Bäume wie die Rosskastanie wachsen immer spiralförmig, wie man an der Rinde erkennen kann.

ERDSTRAHLEN SIND IM ALLGEMEINEN GESUND und wichtig, denn sie verbinden uns mit der Mutter Erde. Das Erdmagnetfeld verläuft nicht gleichmäßig, sondern variiert je nach Bodenbeschaffenheit. Pflanzen können auf diese Unregelmäßigkeiten reagieren und das Vorhandensein von Strahlungen durch ihre Wuchsform verdeutlichen. Manche Bäume wie die Rosskastanie wachsen immer spiralförmig, egal auf welchem Untergrund. Da das Magnetfeld auch von den Sonnenwinden und anderen Faktoren beeinflusst wird, kann man nicht erklären, wie es dazu kommt, dass ein Gehölz nicht gerade wächst oder eigenartige Formen annimmt. Aus der Gestalt eines Baumes lässt sich auch den Charakter seines Wesens ableiten, weil keine Form per Zufall entsteht, sondern formgebende Energien dahinter stecken. Was man gemeinhin als Erdstrahlen verteufelt, ist mit technischen Geräten nicht messbar. Für die meisten Menschen sind diese nicht von Belang, weil sie nicht darauf reagieren. Unser Organismus ist auf eine bestimmte Schwingungsfrequenz eingestellt, die der Schwingung des Erdmagnetfeldes entspricht. Wenn es aufgrund von Elektrosmog oder anderen Störfeldern zu Abweichungen kommt, sind gesundheitliche Störungen möglich. Zu den geopathologischen Erdstrahlen werden Ver-

Aus der Gestalt eines Baums kann man Rückschlüsse auf seinen Charakter und sein Wesen ableiten.

Wenn Pflanzen unregelmäßig wachsen, ist das kein Grund zur Beunruhigung. Manchen liegt es einfach in ihrer Natur.

werfungen (jede Art von unterirdischer Unregelmäßigkeit) und die beiden magnetischen Erdgitternetze (Curry- und Hartmann-Gitter) gezählt. Die Existenz von Wasseradern ist nicht erwiesen. Unter dem Stichwort » Wasserkreislauf « findet man im Internet viele Darstellungen, auf denen die tatsächlichen Grundwasserströme eingezeichnet sind.

Keine Angst vor » Wasseradern «

Oberflächenwasser aus Regen, Tau und geschmolzenem Schnee versickert nicht in bestimmten Linien, sondern flächig. Grundwasser befindet sich daher praktisch überall. Die Frage ist nur, in welcher Tiefe bzw. Höhe. Rutengeher kommen daher immer zu unterschiedlichen Ergebnissen. Interessanterweise finden sie mit großer Wahrscheinlichkeit fast immer eine Ader genau unter dem Bett – verschieben Sie also am besten das Bett, bevor der Rutengeher kommt, damit er nicht weiß, wo es normalerweise steht! Da der Placeboeffekt wissenschaftlich anerkannt

und ernst zu nehmen ist, hat die Angstmache oft verheerende Wirkungen. Verunsicherte, leichtgläubige Menschen leben nicht mehr entspannt in ihren Wohnungen, sondern versuchen imaginären Erdstrahlen auszuweichen, weil sie sich einbilden, sonst Krebs zu bekommen. Viele Bauherren lassen ihre Grundstücke vorher auspendeln und richten dann die ganze Planung nach den Ergebnissen. Plätze in der Nähe von fließenden Gewässern werden allgemein als » Reizzonen « eingestuft. Es ist anzunehmen, dass die Pflanzen tatsächlich auf Schwingungen reagieren. Diese Reaktionen müssen aber nichts mit der Beschaffenheit des Bodens zu tun haben. Auch Topfpflanzen können unregelmäßig wachsen und ungewöhnliche Ausformungen annehmen. Efeu, Asparagus, Klee und Farn zählen zu den Strahlensuchern. Ihnen wird nachgesagt, dass sie negativ wirkende Erdstrahlen harmonisieren können. Wer sich vorsorglich schützen möchte gegen alle Arten von schädlichen Strahlungen, sollte auf ein hohes Energieniveau im Raum achten und sich möglichst mit natürlichen Materialien umgeben. Welche die Schwingung anheben, wird auf Seite 56/57 beschrieben. ∎

DIE BESTEN PFLANZEN
FÜR EIN GESUNDES RAUMKLIMA

WIE FINDE ICH DIE IDEALEN PFLANZEN zur Verbesserung des Raumklimas? Je nachdem, ob es sich um ein trockenes Büro oder ein feuchtes Badezimmer handelt, wird die Antwort sehr unterschiedlich ausfallen. Denn sie ist abhängig von den Verhältnissen hinsichtlich Raumtemperatur, Luftfeuchtigkeit und Schadstoffen, die man vorfindet und die man erzielen möchte. Pflanzen im Schlafzimmer sind nicht ideal, wenn die Fenster relativ klein oder abgedunkelt sind und morgens nicht gelüftet wird. Da solche Räume meist eher klein sind und der Mensch während des Schlafens viel Flüssigkeit verdunstet wird, kann die relative Luftfeuchtigkeit erhöht sein und daher Schimmelgefahr bestehen, wenn man zusätzlich befeuchtende Pflanzen platziert. Auch geruchsintensive Pflanzen können die Schlafqualität beeinträchtigen. Bei den im Porträtteil herangezogenen Studien (Nasa Clean Air und Plantairpur) wurden nicht alle Arten untersucht. Wenn also bei einer Sorte die Angaben fehlen, so bedeutet das nicht, dass sie die Luftqualität nicht beeinflusst. Zimmerpflanzen, die zu den besten Luftreinigern gehören, sind leider auch die giftigsten. Aus diesem Grund und anderen Mängeln, vor allem im feinstofflichen Bereich, wurden folgende Arten aussortiert oder gar nicht erst in die Auswahl aufgenommen.

Alpenveilchen, Amaryllis (Ritterstern), Azalee, Baumfreund, Becherprimel, Birkenfeige, Bogenhanf, Bromelie, Buntwurz, Dieffenbachie, Einblatt. Fensterblatt, Gummibaum, Kalanchoe, Korallenbäumchen, Palmfarn, Weihnachtsstern, Wunderstrauch (Kroton), Zimmercalla (Schlangenwurz, Drachenwurz, Aronkelch).

Grünlilie

Die Grünlilie ist wirklich ein Tausendsassa, denn sie ist nicht nur ein guter Luftbefeuchter, sondern hilft beim Abbau einer ganzen Reihen von Schadstoffen: Formaldehyd, Xylol, Toluol, Benzol und Kohlenmonoxid. Wie Bergpalme, Drachenbaum und Efeu ist sie für Hydrokultur geeignet, was für die Wurzelbelüftung von Vorteil ist

S. 86

S. 87

Bergpalme

Die Bergpalme ist ein Multitalent, wenn es um die Reduzierung von Schadstoffen geht. Sie wirkt als Luftbefeuchter und befreit die Raumluft von Formaldehyd, Xylol, Toluol und Ammoniak. Prozentzahlen zu nennen wäre unseriös, denn die Reinigungsleistung hängt von vielen Faktoren ab.

S. 83

Drachen-baum

Der bewährte und pflegeleichte Drachenbaum wirkt luftbefeuchtend und luftreinigend. Auf der Liste der Schadstoffe, die er eliminiert, stehen Formaldehyd, Toluol, Xylol, Benzol, Kohlenmonoxid und Trichlorethylen.

S. 84

Efeu

Ideale Klimapflanze für kühle Räume wie Treppenhäuser und Toiletten. Wirkt mäßig als Luftbefeuchter und reduziert Benzol, Formaldehyd, Xylol, Toluol, Benzol sowie Trichlorethylen.

S. 101

Chrysantheme

Auch die Chrysantheme bevorzugt kühle Standorte. Sie befeuchtet die Luft und beseitigt Benzol, Formaldehyd, Xylol, Toluol, Trichlorethylen sowie Ammoniak.

Die besten Arten im Porträt
ENERGIEPFLANZEN

DIE KÜR DER
Zimmergefährten

DIE AUSWAHL VON ZIMMERPFLANZEN hat gewisse Ähnlichkeiten mit einer Partnerwahl. Schließlich möchte man sich auf eine längerfristige Lebensgemeinschaft einlassen und eine feinstofflich intime Nahbeziehung aufbauen. Darum prüfe, wer sich lange bindet! Es ist nicht einfach, sich im großen Dschungel der Möglichkeiten zu orientieren, vor allem wenn man planlos vor den Selbstbedienungsregalen im Gartencenter oder Baumarkt steht und sich entscheiden soll. Man kommt nicht darum herum, sich im Vorfeld über seine Favoriten zu informieren, um die wahren Lieblinge herauszufinden oder sich für ein » Herzblatt « zu entscheiden, wenn man nicht riskieren möchte, dass es bei einer Kurzzeitaffäre bleibt. Man kann natürlich auch lockerer an die Sache herangehen und einfach experimentieren. Die Pflanzenwelt ist Gott sei Dank geduldig und allzeit bereit, dem Menschen als Lehrmeisterin zu dienen. Indem wir uns mit Pflanzen beschäftigen, erfahren wir viel über die Mannigfaltigkeit der Natur, ihre Prinzipien, Funktionen, Zusammenhänge und Kreisläufe.

Viele Zimmerpflanzen lassen sich auch selbst anziehen und müssen nicht gekauft werden. Die folgenden Listen erheben keinen Anspruch auf Vollständigkeit. Falls Sie also Ihre Zimmerpflanzen nicht vorfinden, muss das nicht heißen, dass sie energetisch unbedeutend sind oder gar schädlich wirken. Wenn Sie die im ersten Teil erwähnten Kriterien beachten, die eine Energiepflanze ausmachen, können sie jederzeit selbst herausfinden, wie eine altbekannte oder ungewöhnliche Pflanze, die hier nicht genannt ist, zu bewerten ist.

Die Medinille hat mit ihren prächtigen Blüten und blauen Beeren Starqualitäten als Energiepflanze.

Blattsukkulenten sind ideal für Räume, die keine zusätzliche Feuchtigkeit bekommen sollen.

Grünlilien sind dankbare und anspruchslose Energiepflanzen mit vielen positiven Eigenschaften.

Die besten Energiepflanzen

Als Energiepflanzen werden auch Gewächse bezeichnet, die Biomasse liefern, um daraus Kraftstoffe, Brennstoffe oder Biogas gewinnen zu können. Wenn in diesem Buch von Energie die Rede ist, geht es immer um Lebensenergie. Die nachfolgend ausgewählten Zimmerpflanzen, die in Innenräumen gedeihen, dürfen sich mit dem Titel » Energiepflanze « schmücken. Um die Übersicht zu erleichtern, sind sie in Kategorien Grünpflanzen, Blütenpflanzen und Nutzpflanzen gegliedert. Fast jede Blattpflanze bringt auch Blüten und Früchte hervor, daher ist eine strikte Abgrenzung nicht immer möglich. Grünpflanzen werden wegen ihrer dekorativen Blätter gehalten, während ihre Blüten und Früchte eher unscheinbar oder ein » Beiprodukt « sind. Bei Blütenpflanzen sind die Blüten dekorativer als die Blätter. Und bei den Nutzpflanzen stehen die essbaren Teile im Vordergrund, die in Form von Früchten, Wurzeln, Samen, Nüssen oder Blattkraut gedeihen. Zwei Pflanzengruppen, die zu den energetischen Spitzenreiten gehören, werden ebenfalls besonders hervorgehoben. Dies ist zum einen die Familie der Orchideen und die grünen Blattsukkulenten, wobei viele Orchideen auch sukkulente Blätter haben. Natürlich gäbe es zu jeder einzelnen Pflanze viel mehr zu sagen, als in diesem Buchformat Platz findet.

Um beim Thema des Buches zu bleiben, wurde auf Angaben zur botanischen Zuordnung, die regionale Herkunft, Anzucht, Düngung, Krankheiten, Schädlinge und Vermehrung verzichtet – denn diese finden sich auch auf den Pflegeetiketten oder lassen sich durch die Beobachtung der Pflanzen feststellen. Zur Bewertung der energetischen Qualitäten der Pflanzen sind vor allem Aussehen, Wasserbedarf und Standortansprüche wichtig.

Aloe vera
Aloe vera, Aloe barbadensis

Merkmale Anspruchslos und schnell wachsend. Gehört zu den Blattsukkulenten und wächst in durchlässiger, nährstoffarmer Erde.
Formensprache Lanze, Rosette, Spiralen, Spitzen.
Farben Blätter hellgrün.
Größe Bis 4 m².
Wasserbedarf Gering. Speichert Wasser und verträgt keine Staunässe.
Luftfeuchtigkeit Nicht befeuchtend.
Standort Sonnig bis halbschattig, warm und trocken. Normale Zimmertemperatur, nicht unter 5 °C. Darf im Sommer auf die Terrasse.
Baubiologie Luftreinigend (Formaldehyd). Für Hydrokultur geeignet.
Energetische Wirkungen Zentrierend, beruhigend, regenerierend. Traditionelle Heilpflanze mit vielfältigen Wirkungen. Das bitter schmeckende Gel im Blattinneren ist essbar, vitamin- und nährstoffreich. Wird in vielen Heilmitteln, Körperpflegeprodukten und Lebensmitteln verwendet.
Verträglichkeit Giftig für Katzen und Vögel.

Bergpalme
Chamaedorea elegans

Merkmale Lange, schmale Fiederblätter, selten erscheinen die winzigen, kugelförmigen, gelben Blüten. Sie wächst nur langsam.
Formensprache Feder, Bogen, Kugel.
Farben Blüten gelb, Blätter grün.
Größe Im Zimmer selten höher als 130 cm.
Wasserbedarf Viel gießen und feucht halten.
Luftfeuchtigkeit Befeuchtend.
Standort Hell bis halbschattig ohne direkte Sonneneinstrahlung. Im Winter besser kühl.
Baubiologie Luftreinigend (Formaldehyd, Xylol, Toluol, Ammoniak). Für Hydrokultur geeignet. Geeignet zum Kaschieren von Vorsprüngen, Säulen und Ecken. Strahlensucher.
Energetische Wirkungen Ermutigend und aufmunternd, zierlich, elegant und erhebend. Sorgt für gute Laune und stärkt das Selbstwertgefühl. Verbreitet tropisches Flair. Steht für Lebensfreude und die Leichtigkeit des Seins.
Verträglichkeit Ungiftig.

Bubikopf
Soleirolia soleirolii

Merkmale Bildet kissenartige Polster. Winzige, behaarte Blätter, die an langen, glasig-dünnen Stängeln sprießen. Das schnell wachsende Bodendeckerkraut lässt sich zurechtschneiden, ist ausdauernd und pflegeleicht.

Formensprache Kugel, Wirbel.

Farben Blätter hellgrün.

Größe Bis 25 cm.

Wasserbedarf Hoch, aber keine Staunässe.

Luftfeuchtigkeit Befeuchtend. Verträgt keine warme Heizkörperluft.

Standort Hell bis halbschattig. Kühl um 15 °C im Sommer und 10 °C im Winter.

Baubiologie Für teppichartige Begrünungen geeignet. Wirkt schallschluckend.

Energetische Wirkungen Im Topf sieht sie aus wie ein Wuschelkopf und erzeugt kleine, krause Energiewirbel. Wirkt sehr ruhig und zurückhaltend, sanft stimulierend und harmonisierend, zentrierend und edel.

Verträglichkeit Ungiftig.

Drachenbaum
Dracaena spp.

Merkmale Lange, schmale, spitz zulaufende Blätter. Duftende Blüten und orangegelbe, kugelige Beeren, in Innenräumen jedoch nur selten.

Formensprache Strahlen, Kugel.

Farben Blätter grün mit farbigen Streifen in Gelb- und Rottönen. Beeren orange.

Größe Als Zimmerpflanze bis über 2 m.

Wasserbedarf Feucht halten. Keine Staunässe.

Luftfeuchtigkeit Befeuchtend. Braucht eine hohe Luftfeuchtigkeit.

Standort Warm und hell bis halbschattig, keine Heizkörperluft, keine Zugluft, keine pralle Sonne. Temperaturen nicht unter 16 °C.

Baubiologie Luftreinigend (Formaldehyd, Toluol, Xylol, Benzol, Kohlenmonoxid, Trichlorethylen). Für Hydrokultur geeignet.

Energetische Wirkungen » Der weibliche Drache « wirkt energetisierend, belebend, zentrierend, und harmonisierend.

Verträglichkeit Für Haustiere leicht giftig.

Efeu
Hedera helix

Merkmale Dekorative Kletterpflanze, die ohne Rankhilfe in beliebige Richtungen klettert.

Formensprache Herz, Spirale, Kugel.

Farben Blätter dunkelgrün mit hellerer Zeichnung. Früchte Schwarz. Blüten gelbgrün.

Größe Meterlange Ranken.

Wasserbedarf Mäßig.

Luftfeuchtigkeit Mäßig befeuchtend. Braucht eine hohe Luftfeuchtigkeit.

Standort Hell und kühl, zwischen 10 und 18 °C. Als Ampelpflanze geeignet.

Baubiologie Luftreinigend (Benzol, Formaldehyd, Xylol, Toluol, Trichlorethylen). Für Hydrokultur geeignet. Wirkt schallschluckend.

Energetische Wirkungen Anwendungen in der traditionellen Volksheilkunde und Homöopathie. Symbol für Liebe und Treue, ein langes Leben und Unsterblichkeit. Wirkt motivierend und belebend. Spielte früher eine Rolle als Kultpflanze und als Schmuck für Sakralstätten.

Verträglichkeit Giftig. Kann Allergien auslösen.

Efeutute
Epipremnum pinnatum

Merkmale Große, herzförmige Blätter und Luftwurzeln, aber keine Haftwurzeln. Ein Teil der Blätter dreht sich nach links, andere nach rechts.

Formensprache Spirale, Herz.

Farben Blätter dunkelgrün, hell gezeichnet.

Größe Bis 20 m lang rankend. Schnittverträglich.

Wasserbedarf Feucht halten.

Luftfeuchtigkeit Befeuchtend.

Standort Warm (nicht unter 15 °C) und hell oder halbschattig. Als Ampelpflanze geeignet.

Baubiologie Luftreinigend (Benzol, Formaldehyd, Xylol, Toluol, Trichlorethylen, Kohlenmonoxid). Für Hydrokultur geeignet. Kann die Wasserqualität in Aquarien verbessern. Schallschluckend.

Energetische Wirkungen Verbessert die Verbindung zwischen rechter und linker Gehirnhälfte. Erinnert an einen Springbrunnen oder Wasserfall mit ihrer üppig sprießenden Natur. Gilt in Asien als Glücksbringer.

Verträglichkeit Giftig. Enthält haut- und schleimhautreizende Stoffe. Gefährlich für Haustiere.

Elefantenfuß
Beaucarnea recurvata

Merkmale Gehört zu den Stammsukkulenten. Die langen, dünnen Blätter hängen wie fädige Bänder herab und bilden einen dichten Vorhang.
Formensprache Strahlen, Säule, Büschel.
Farben Blätter grün.
Größe Als Zimmerpflanze bis 2 m.
Wasserbedarf Wenig. Im Winter trockener.
Luftfeuchtigkeit Nicht befeuchtend.
Standort Verträgt große Temperaturschwankungen zwischen 5 und 35 °C. Braucht als Flachwurzler keinen hohen Topf.
Baubiologie Für Hydrokultur geeignet.
Energetische Wirkungen Zentrierend, erdend und beruhigend. Erinnert ein wenig an Trauerweiden durch die langen, herabhängenden Blätter. Im Vergleich zur jugendlich schwungvollen Grünlilie wirkt der Elefantenfuß ernst und stabilisierend. Verspricht Beständigkeit und dauerhaftes Glück. Hilft nervösen und hyperaktiven Personen, auf den Boden zu kommen.
Verträglichkeit Giftig für Katzen.

Frauenhaarfarn
Adiantum

Merkmale Das » Venushaar « hat lange, feine Stiele, mit fächerförmigen Blättern. Die dicht stehenden, dreieckigen Blättchen werden nicht feucht, sondern lassen das Wasser abperlen.
Formensprache Wedel, Fächer, Dreieck.
Farben Blätter grün.
Größe Bis 50 cm.
Wasserbedarf Feucht halten. Darf nie austrocknen und nicht besprüht werden.
Luftfeuchtigkeit Hoch. Mäßig befeuchtend.
Standort Hell und warm. Nicht unter 18 °C. Keine direkte Sonne. Keine Zugluft. Ampelpflanze.
Baubiologie Für Hydrokultur geeignet. Schallschluckend.
Energetische Wirkungen Mit seiner zarten, femininen und grazilen Erscheinung stärkt es die weiblichen Energien und bringt die Lebensenergie Chi in Fluss. Traditionelle Heilpflanze bei Atem- und Harnwegserkrankungen.
Verträglichkeit Ungiftig.

Geweihfarn
Platycerium

Merkmale Wächst in der Natur auf Bäumen und hat zwei unterschiedliche Blattarten: Runde Schildblätter dienen der Verankerung und dem Sammeln von Nährstoffen und hirschgeweihartig gefiederte Wedel, die herabhängen. Die Geweihblätter haben eine netzartige, verästelte Struktur mit flaumartiger Beschichtung, die vor dem Austrocknen schützt.
Formensprache Wedel, Schild, Lappen, Gabelung.
Farben Blätter grün und braun.
Größe Blattlänge bis 100 cm.
Wasserbedarf Gießen von oben ist nicht möglich. Ballen tauchen. Blätter nicht besprühen.
Luftfeuchtigkeit Hoch. Nicht befeuchtend.
Standort Hell bis halbschattig, warm und feucht. Keine Sonne. Im Sommer 20 bis 25 °C, im Winter 12 bis 15 °C. Ampelpflanze.
Baubiologie Schalldämmend.
Energetische Wirkungen Fördert die Gelassenheit und Entspannung.
Verträglichkeit Leicht giftig.

Grünlilie
Chlorophytum comosum

Merkmale Bildet zahlreiche Ableger (Kindel), die entfernt werden sollten. Blätter dünn, lang, weich, halmartig, in Büscheln wachsend.
Formensprache Halm, Bogen.
Farben Blätter grün oder grün-weiß gestreift. Blüten weiß.
Größe Bis 60 cm.
Wasserbedarf Mäßig. Keine Staunässe. Verträgt auch kurze Trockenphasen. Speichert Wasser in den Wurzeln.
Luftfeuchtigkeit Mäßig befeuchtend.
Standort Hell bis schattig. Keine direkte Sonne. Ampelpflanze.
Baubiologie Luftreinigend (Formaldehyd, Xylol, Toluol, Benzol, Kohlenmonoxid). Für Hydrokultur geeignet. Wirkt schallschluckend.
Energetische Wirkungen Zentrierend, grazil, leicht, fröhlich und dynamisch. Bringt Schwung in den Raum. Symbolisiert schnelles Wachstum und üppige Vermehrung.
Verträglichkeit Ungiftig. Samen leicht giftig.

Kentiapalme
Howea forsteriana

Merkmale Die großen, gefächerten Fiederblätter sitzen auf langen, dünnen Stängeln. Sie kann bis 40 Jahre alt werden.

Formensprache Wedel, Feder, Fächer, Bogen.

Farben Blätter grün.

Größe In Innenräumen über 2,5 m.

Wasserbedarf Feucht halten. Keine Staunässe. Darf besprüht werden. Ruhephase im Winter.

Luftfeuchtigkeit Befeuchtend. Gedeiht am besten bei hoher relativer Luftfeuchtigkeit (75 bis 80 %).

Standort Halbschattig. Keine direkte Sonne. Wintergarten mit Temperaturen um 20 °C. Standfester, hoher Kübel erforderlich.

Baubiologie Luftreinigende Wirkung (Benzol). Für Hydrokultur geeignet. Ideal zum Kaschieren von Vorsprüngen, Säulen und Ecken.

Energetische Wirkungen Wirkt schwungvoll, elegant, erfrischend und energetisierend. Die aufwärts strebenden Wedel begünstigen Optimismus und gute Laune.

Verträglichkeit Ungiftig.

Fetthenne, Mauerpfeffer
Sedum spp.

Merkmale Bodendecker mit sternförmigen Doldenblüten, speichert Wasser in den löffelförmigen Blättern.

Formensprache Rosette, Spirale, Löffel, Stern, Dolde.

Farben Blätter hellgrün. Blüten weiß, gelb, rosa.

Größe Bis 50 cm, je nach Art.

Wasserbedarf Wenig. Speichert Flüssigkeit in den Blättern. Keine Staunässe. Luftfeuchtigkeit: Nicht befeuchtend.

Standort Sonnig und trocken. Im Winter kühl und hell. Viele Arten sind winterhart. Wächst auch auf der Terrasse, im Garten und auf extensiven Gründächern.

Baubiologie Für teppichartige Begrünungen geeignet. Wirkt schallschluckend.

Energetische Wirkungen Die ruhige Formensprache wirkt gegen emotionalen Stress. Sedum telephium ist ein altes Volksarzneimittel und auch als homöopathisches Mittel erhältlich.

Verträglichkeit Die Pracht-Fetthenne (*Sedum spectabile*) ist giftig.

Hungerkünstler
AUF DER FENSTERBANK

Blattsukkulenten
verschiedene Familien

Merkmale Sukkulente ist ein Überbegriff für saftreiche, dickblättrige Pflanzen, die viel Wasser speichern. Auch die Aloe vera, Dickblattgewächse, Kakteen und viele Orchideen gehören dazu. Sie sind pflegeleicht, genügsam, oft mit geometrischem, strukturiertem Wuchs und viele sind mit Dornen oder Stacheln bewehrt. Es gibt sie in den unterschiedlichsten Formen und Farbschattierungen, einfarbig, gefleckt oder gestreift,

Lebende Steine gehören zu den Blattsukkulenten und überstehen viele Monate ohne Wasser.

rosettenförmig, annähernd kugelig oder zylindrisch. Auch die außergewöhnlich feinen Blüten sind eine Augenweide. Viele verschiedene Arten und Sorten lassen sich gut kombinieren und zu dekorativen Arrangements vereinen. Neben den Blattsukkulenten unterscheidet man Wurzel- und Stammsukkulenten, je nachdem in welchen Organen die Pflanze Flüssigkeit speichert. Bei den Kakteen sind die Stacheln umgewandelte Blätter, daher gehören sie zu den Stammsukkulenten.

Formensprache Kugel, Zylinder, Rosette, Spirale, Zunge, Spitze.

Farben Blätter blassgrün, blaugrün, gelbgrün, rotgrün.

Größe Sehr unterschiedlich. Viele kleinwüchsige Arten.

Wasserbedarf Gering. Speichern Wasser. Keine Staunässe.

Luftfeuchtigkeit Nicht befeuchtend.

Standort Hell und warm. Damit sie gleichmäßig wachsen, sollte man sie regelmäßig drehen. Dürfen im Sommer auf die Terrasse.

Baubiologie Strahlensucher. Hydrokultur.

Energetische Wirkungen Strukturierend, beruhigend, zentrierend und harmonisierend. Fördern die Meditation und die Klarheit der Gedanken. Sehen aus wie lebendige Skulpturen. Viele Arten

Die Vielfalt der Kakteen ist unglaublich groß. Besonders schön: Viele Arten haben prächtige Blüten.

sind heilkräftig oder enthalten berauschende Inhaltsstoffe.

Verträglichkeit Manche Arten wie Lithops, auch » Lebende Steine « genannt, sind essbar.

Geldbaum
Crassula ovata

Merkmale Der gedrungene, stark verzweigte Strauch dieser auch Pfennigbaum, Jadebaum und Dickblatt genannten Sukkulente sieht aus wie ein Bonsai. Die dickfleischigen Blätter, die mit ihrer ovalen Form an Münzen erinnern, sitzen ohne Stiel auf dem dicken Astwerk. Nach ein paar Jahren erscheinen sternförmige, duftende Blüten, die in Dolden zusammenstehen und eine weiß-rosa Farbe haben.

Formensprache Zunge, Ellipse, Stern, Kugel.

Farben Blätter grün. Blüten weiß und rosa.

Größe In der Natur bis 2,5 m. Im Kübel bis 130 cm. Kann zurechtgeschnitten werden.

Wasserbedarf Wenig gießen, keine Staunässe. Speichert Wasser in den Blättern.

Luftfeuchtigkeit Nicht befeuchtend.

Standort Hell oder sonnig. Darf im Sommer auf die Terrasse. Im Winter kühl bei ca. 10 °C.

Baubiologie Für Hydrokultur geeignet.

Energetische Wirkungen Die rundlichen Formen

verstärken die weiblichen Qualitäten. Symbol für Fülle, Reichtum, Glück und Wohlstand. Wirkt sehr solide und geerdet, kräftig und gemütlich.

Verträglichkeit Ungiftig.

Kakteen
Cactaceae

Merkmale Die genügsamen Kakteen können über 250 Jahre alt werden und haben dicke, fleischige Stämme ohne Blätter, mit sternförmigen Stacheln, Dornen oder Borsten. Die Stämme sind meist kugelig, zylindrisch oder ohrenförmig abgeflacht, mit Rippen- oder Noppenstruktur.

Formensprache Stern, Stachel, Kugel, Zylinder, Säule, Rippe, Scheibe.

Farben Basis grün. Blüten rosa, gelb, weiß und rot.

Größe Je nach Art wenige Zentimeter bis mehrere Meter.

Wasserbedarf Gering. Speichert Wasser.

Luftfeuchtigkeit Nicht befeuchtend.

Standort Hell und trocken. Nährstoffarmes Substrat.

Baubiologie Die Stacheln sollen schädliche Strahlen einfangen und ableiten.

Energetische Wirkungen Selbstschutz, Abwehr und energetische Verteidigung. Können zur Reinigung von Fremdenergien eingesetzt werden, aber auch ungemütlich, bedrohlich und aggressiv wirken. Kaktusfeigen haben eine Tradition als Heilmittel. Die Schwingungen der Blüten sind allerfeinst.

Verträglichkeit Berührungen können sehr schmerzhaft sein. Gefährlich für achtlose Besucher, Kinder und Tiere. Die meisten sind ungiftig, manche enthalten berauschende Inhaltsstoffe.

Schefflera, Lackblatt
Schefflera arboricola

Merkmale Auch Strahlenaralie genannt, handförmige, glänzende Blätter. Schnellwüchsig, schnittverträglich.

Formensprache Strahlen, Stern, Lanzette.

Farben Blätter dunkelgrün einfarbig oder hellgrün gefleckt.

Größe Erreicht schnell normale Zimmerhöhen.

Wasserbedarf Mäßig. Keine Staunässe. Öfter sprühen oder abduschen. Im Winter trockener.

Luftfeuchtigkeit Im Sommer mäßig befeuchtend.

Standort Hell bis halbschattig. Keine pralle Sonne. Nicht unter 15 °C. Im Sommer auch draußen.

Baubiologie Luftreinigend (Xylol). Für Hydrokultur geeignet. Wirkt schallschluckend. Nimmt vorm Fenster viel Licht weg. Ideal zum Kaschieren von Vorsprüngen, Säulen und Ecken.

Energetische Wirkungen Die kräftigen Blätter-Sterne haben eine sonnige Ausstrahlung, wirken zentrierend, fördern Gesellligkeit und gute Stimmung.

Verträglichkeit Giftig.

Schwertfarn
Nephrolepis exaltata

Merkmale Buschiger, kugeliger Wuchs. Die langen, schwertförmigen Fiederblätter sind zierlich gegliedert und leicht gewellt. Nachwachsende Blätter erscheinen spiralförmig eingerollt.

Formensprache Welle, Feder, Wedel, Spirale.

Farben Blätter hellgrün.

Größe Die Wedel werden bis 1 m lang.

Wasserbedarf Feucht halten. Keine Staunässe. Darf besprüht werden.

Luftfeuchtigkeit Befeuchtend. Braucht eine hohe Luftfeuchtigkeit.

Standort Hell, aber keine pralle Sonne. Zugempfindlich. Ampelpflanze.

Baubiologie Luftreinigend (Formaldehyd, Xylol, Toluol). Strahlensucher. Für Hydrokultur geeignet. Wirkt schallschluckend.

Energetische Wirkungen Filigran und leicht, gelassen, entspannend und anregend, zentrierend und harmonisierend. Unterstützt Loslassprozesse und fördert die Kommunikation.

Verträglichkeit Leicht giftig.

Zierspargel
Asparagus densiflorus

Merkmale Schnellwüchsig und pflegeleicht. Nadelförmige, schmale Scheinblätter, die wie transparente Netzschleier aussehen. Die fein verzweigten Stiele werden gerne als Begleitgrün für Blumensträuße verwendet.

Formensprache Nadel, Wedel, Feder.

Farben Blätter grün.

Größe Bis 100 cm. Die Wedel bis 60 cm lang.

Wasserbedarf Feucht halten. Öfter besprühen.

Luftfeuchtigkeit Hoch, befeuchtend.

Standort Hell bis halbschattig. Temperatur nicht unter 13 °C. Im Winter zwischen 10 und 15 °C. Darf im Sommer auf die Terrasse. Ampelpflanze.

Baubiologie Strahlensucher. Wirkt schallschluckend und staubfilternd.

Energetische Wirkungen Ruhig, sanft, gelassen und anregend. Die spitzen Nadeln wirken wie feine Antennen für Lebensenergie. Unterstützt transformative Prozesse.

Verträglichkeit Leicht giftig. Manche Arten haben Stacheln.

Zimmerbambus
Pogonatherum paniceum

Merkmale Blätter schmal und länglich. Die Stiele lassen sich in dekorative Formen biegen, solange sie weich sind.

Formensprache Lanzette, Zylinder, Bogen, Stab.

Farben Blätter grün.

Größe Bis 60 cm.

Wasserbedarf Keine Staunässe. Feucht halten. Darf besprüht werden.

Luftfeuchtigkeit Stark befeuchtend. Möchte eine hohe Luftfeuchtigkeit.

Standort Hell bis halbschattig. Keine Zugluft. Temperaturen nicht unter 15 °C, daher im Sommer nicht nach draußen stellen.

Baubiologie Wirkt schallschluckend.

Energetische Wirkungen Erfrischend, erhebend, beruhigend, zentrierend, edel und elegant. Sehr klare, nach oben strebende Formensprache, die die Kreativität fördert. Trotz der leichtmütigen Ausstrahlung sehr stabil. Glücksbambus soll besondere Freude bereiten und Glück bringen.

Verträglichkeit Ungiftig. Anziehend auf Katzen.

Zimmerlinde
Sparrmannia africana

Merkmale Bis 20 cm große, weiche, flaumig behaarte Blätter mit herzförmigem Umriss. Weiße Blütendolden mit gelb-braunen Staubgefäßen.
Formensprache Herz, Zacke, Flügel.
Farben Blätter hellgrün. Blüten weiß, gelb, braun.
Größe Im Zimmer bis 3 m. Schnitverträglich. Wächst schnell, daher häufig umtopfen.
Wasserbedarf Feucht halten.
Luftfeuchtigkeit Stark befeuchtend.
Standort Hell bis halbschattig. Keine pralle Sonne. Kühl bei 10 bis 15 °C, und luftig. Hohe Luftfeuchtigkeit. Großer Topf erforderlich.
Baubiologie Strahlensucher. Schallschluckend. Zum Entschärfen und Verdecken von Ecken.
Energetische Wirkungen Besänftigend, beruhigend und harmonisierend. Symbolisiert Großzügigkeit und Fülle. Fördert die Kommunikation, stärkt die Liebesfähigkeit und die weiblichen Qualitäten.
Verträglichkeit Leicht giftig. Kann zu Hautreizungen führen.

Zimmerwein
Cissus rhombifolia

Merkmale Immergrüne Kletterpflanze, auch Klimme oder Königswein genannt. Dreiteilige, gezackte Blätter. Braucht eine Stützkonstruktion, weil sie sonst unförmig wird und sich verknotet.
Formensprache Zacke, Spirale.
Farben Blätter grün.
Größe Jährlicher Zuwachs bis 90 cm. Muss häufig umgetopft und zurückgeschnitten werden.
Wasserbedarf Feucht halten. Darf besprüht werden.
Luftfeuchtigkeit Hoch. Befeuchtend.
Standort Hell bis halbschattig. Keine pralle Sonne. 16 und 25 °C, im Winter weniger als 10 °C. Eignet sich als Ampelpflanze und zum Begrünen von Spalieren. Im Sommer auch draußen.
Baubiologie Luftreiniger (Formaldehyd). Für Hydrokultur geeignet. Wirkt schallschluckend.
Energetische Wirkungen Üppig wuchernde und feurige Energien. Flexibel und anpassungsfähig. Steht für vorwärts strebende Wachstumsfreude.
Verträglichkeit Ungiftig.

Zwerg-Dattelpalme
Phoenix roebelenii

Merkmale Große, feingliedrige Fiederblätter, die direkt aus dem Stamm herauswachsen.

Formensprache Wedel, Feder, Fächer, Bogen.

Farben Blätter grün.

Größe Im Kübel bis 1 m hoch.

Wasserbedarf Feucht halten. Keine Staunässe. Darf besprüht werden.

Luftfeuchtigkeit Befeuchtend. Möchte eine Luftfeuchtigkeit von 60 bis 70 %.

Standort Warm und hell. Weder Heizkörperluft, Zugluft noch pralle Sonne. Nicht unter 16 °C, im Winter nicht unter 10 °C. Im Sommer auch draußen.

Baubiologie Luftreinigend (Formaldehyd, Xylol, Toluol). Hydrokultur möglich. Strahlensucher.

Energetische Wirkungen Zentrierend und belebend. Schwungvoll und elegant. Wirkt wie ein Springbrunnen, sprühend vor Energie. Fördert Optimismus und gute Laune. Kann das Selbstbewusstsein und die Gelassenheit stärken.

Verträglichkeit Ungiftig.

Zypergras, Papyrus
Cyperus

Merkmale Schnellwüchsig. Blätter sternförmig mit langen, schmalen Strahlen.

Formensprache Stern, Strahlen, Bogen, Schirm, Spitze.

Farben Blätter grün. Blüten gelb.

Größe Bis 150 cm.

Wasserbedarf Hoch. Große Pflanzen brauchen bis zu 5 Liter Wasser am Tag, verdunsten dies als Feuchtigkeit wieder. Darf besprüht werden.

Luftfeuchtigkeit Stark befeuchtend.

Standort Hell bis halbschattig. Eher kühl ab 10 °C. Wärmere Temperaturen werden toleriert.

Baubiologie Nicht für schimmelanfällige Räume geeignet. Wirkt staubbindend.

Energetische Wirkungen Grazil, filigran, schlank und elegant. Der elastische, aber zähe und feste Stängel wurde von den Ägyptern nicht nur für Papyrusrollen, sondern auch für Besen und zum Drehen von Seilen benutzt. Sorgt für Lebensfreude, Optimismus und gute Stimmung.

Verträglichkeit Ungiftig. Relativ scharfkantig.

Australisches Veilchen
Viola hederacea

Merkmale Blüten auf den hohen Stielen, blüht von Mai bis Oktober. Kriechender Wuchs.

Formensprache Kelch, Sporn, Rosette.

Farben Blüten weiß und violett, Blätter grün.

Größe Bis 15 cm hoch. Ausläufer bis 1 m lang.

Wasserbedarf Mäßig. Keine Staunässe, kein Austrocknen.

Luftfeuchtigkeit Mäßig befeuchtend in der Wachstumsphase.

Standort Sonnig bis halbschattig. Kühl, aber frostfrei im Winter. Viel frische Luft, im Sommer im Freien. Ampelpflanze.

Baubiologie Strahlensucher. Für teppichartige Begrünungen geeignet. Wirkt schallschluckend.

Energetische Wirkungen Ähnlich wie wilde Duftveilchen. Kraut und Wurzeln für Tees. Symbol für Demut, Treue und Liebe. Traditionelle Heilpflanze mit einer langen Liste von Wirkungen. Zart, filigran, lieblich, sanft, bescheiden.

Verträglichkeit Ungiftig.

Feinstrahlaster
Erigeron

Merkmale Wird auch Berufkraut und Spanisches Gänseblümchen genannt. Die Blüten sehen wie zarte Gänseblümchen aus. Die länglichen Blätter haben einen gewellten Rand.

Formensprache Welle, Spirale, Stern, Sonne.

Farben Blätter grün. Blüten weiß, rosa, gelb.

Größe Wird über 1 m hoch und breit.

Wasserbedarf Reichlich.

Luftfeuchtigkeit Befeuchtend.

Energetische Wirkungen Sonnige und fröhliche Ausstrahlung. Liebreizende, heitere und zärtliche Anmutung. Soll als Heilkraut gegen Erkältungskrankheiten wirken und hat auch eine Tradition als TCM-Pflanze. Galt früher als Zauberpflanze zum Schutz von kleinen Kindern.

Standort Sonnig bis halbschattig. Kommt mit Zimmertemperaturen gut zurecht.

Baubiologie Die feinen Strahlen der verblühten Blüten fallen ab – der Pflegeaufwand ist also etwas höher. Gibt einen schwachen Geruch ab.

Verträglichkeit Ungiftig.

Flamingoblume
Anthurium spp.

Merkmale Blätter herzförmig, große Scheinblüten mit rot (oder weiß) glänzendem Hüllblatt und gelbem Kolben. Die eigentlichen Blüten sind unscheinbar. Es werden kontinuierlich neue Blätter und Blüten gebildet.

Formensprache Herz, Kolben, Spirale.

Farben Blätter grün. Blüten rot, rosa, weiß, gelb.

Größe 30 bis 50 cm oder bis 1 m je nach Art.

Wasserbedarf Feucht halten. Keine Staunässe. Darf mit Wasser besprüht werden.

Luftfeuchtigkeit Befeuchtend. Braucht eine hohe Luftfeuchtigkeit.

Standort Hell bis halbschattig. Keine pralle Sonne. Keine Zugluft.

Baubiologie Luftreinigend (Formaldehyd, Xylol, Toluol, Ammoniak). Für Hydrokultur geeignet.

Energetische Wirkungen Wirkt edel, erhebend, zentrierend und fördert die Balance. Kann das Selbstwertgefühl unterstützen.

Verträglichkeit Kann bei Berührung zu Hautreizingen und Entzündungen führen.

Medinille
Medinilla magnifica

Merkmale Die prächtige Regenwald-Pflanze entwickelt riesige, rosarote Blütenstände, die wie Trauben herabhängen und aus bis zu 100 Einzelblüten bestehen. Die großen, dicken Blätter sind gerippt und löffelartig gebogen.

Formensprache Traube, Rispe, Löffel.

Farben Blätter dunkelgrün, Blüten rosa.

Größe Bis 1,5 m hoch. Blütentrauben bis 30 cm.

Wasserbedarf Feucht halten. Keine Staunässe.

Luftfeuchtigkeit Hoch. Nicht befeuchtend.

Standort Hell und gut belüftet. Keine pralle Sonne. Warm in der Wachstumsphase. Im Winter 15 bis 17 °C. Während der Blütezeit nicht drehen oder bewegen. Als Ampelpflanze geeignet.

Baubiologie Wirkt schallschluckend.

Energetische Wirkungen Hat Starqualitäten. Fördert die Gelassenheit und die Genussfähigkeit. Obwohl sie sich komplett hängen lässt, wirkt sie sehr energiegeladen. Unterstützt die Hingabe und den Fluss der Gefühle.

Verträglichkeit Unbekannt, evtl. leicht giftig.

EXOTISCHE
Blütenschönheiten

Orchideen
Orchidaceae

Merkmale Die wunderschönen Blütenpflanzen gibt es in unzähligen Gattungen. Es werden bis zu 30 000 Arten unterschieden, die Hybriden nicht mitgezählt. Darunter sind auch einheimische Wildformen wie der Frauenschuh, das Rote Waldvöglein, die Waldhyazinthe und die Knabenkräuter, deren Knollen an Hoden erinnern. Auch die aromatische Gewürzvanille gehört zu den Orchideen. Ihre Blätter sind häufig mehrfarbig gemustert mit Flecken, Punkten, Adern oder Streifen. Die großen, länglichen, dickfleischigen Blätter wachsen direkt aus der Wurzelknolle und speichern Flüssigkeit.

Formensprache Flügel, Knospe, Lappen, Lippe.

Farben Blätter grün. Blütenb weiß und rosa bis dunkelrot, gelbgrün bis dunkelbraun und violett.

Größe Sehr unterschiedlich. Meist zwischen 50 und 120 cm.

Wasserbedarf Gering. Keine Staunässe. Besser als Gießen ist die Befeuchtung des Ballens mit Tauchbädern.

Luftfeuchtigkeit Nicht befeuchtend. Nehmen Feuchtigkeit und Nährstoffe aus der Luft auf.

Standort Hell. Keine pralle Sonne. Drehen sich nach dem Licht. Wachsen in der Natur meist auf Bäumen, sind aber keine Schmarotzer, sondern bilden Luftwurzeln aus, die nicht abgeschnitten werden dürfen. Es gibt auch Bodenpflanzen und Lithophyten, die auf Steinen wachsen. Die Temperaturanforderungen variieren je nach Sorte. Das Substrat muss luftdurchlässig sein, gewöhnliche Pflanzenerde ist nicht geeignet. Transparente Töpfe ohne Übertopf sind von Vorteil, weil sie Licht an die Wurzeln lassen.

Baubiologie Arten der Gattungen *Dendrobium* und *Phalaenopsis* sind luftreinigend (Xylol, Toluol). *Phalaenopsis* beseitigen auch Formaldehyd.

Energetische Wirkungen Edel, feminin, elegant, gefühlvoll, ausdrucksstark und anmutig. Stärken das Selbstbewusstsein und helfen, Gefühle zum Ausdruck zu bringen. Haben auch eine Tradition als Heil- und Duftpflanze. Die Wirkstoffe werden für verschiedene Schönheitsprodukte benutzt. Die Blütenessenzen sollen die spirituelle Entwicklung und die Ausgeglichenheit fördern. Manche Blüten sind wie fliegende Figuren geformt und erinnern an zauberhafte Wesen wie Engel, Elfen, Schmetterlinge oder Blumenmädchen.

Verträglichkeit Ungiftig. Einige Sorten wie die Vanilla planifolia sind essbar. Die Karma-Orchidee *(Dendrobium)* wird gerne zum Dekorieren von Speisen verwendet.

Die exotische Vanda braucht viel Wärme, verträgt volle Sonne und liebt eine hohe Luftfeuchtigkeit.

Die Blüten des Venusschuhs *(Paphiopedilum)* sind kleine Kunstwerke für sich.

Cymbidien blühen nur, wenn sie im Winter kühler und trockener gehalten werden.

Wie kleine Vögel schweben die Blüten der exotischen *Habenaria radiata* über den Blättern.

Schmetterlingsorchidee ist ein passender Name für die wunderbare *Phalaenopsis*.

Von der Karma-Orchidee *(Dendrobium)* gibt es unzählige Farbformen von Reinweiß bis Dunkelpurpurviolett.

Passionsblume
Passiflora

Merkmale Kletterpflanze. Die prachtvollen Blüten sind konzentrisch gegliedert.
Formensprache Stern, Strahlen, Krone, Kranz, Glocke, Spirale.
Farben Blätter dunkelgrün. Blüten weiß, violett, gelbgrün, blau, rot, pink.
Größe Die dünnen Stängel werden bis 6 m lang. Blüten bis 8 cm im Durchmesser.
Wasserbedarf Reichlich gießen und feucht halten, Keine Staunässe. Darf besprüht werden.
Luftfeuchtigkeit Befeuchtend während der Wachstumsphase, aber nicht im Winter.
Standort Hell, warm und sonnig. Ca. 10 °C im Winter. Darf im Sommer auf die Terrasse.
Baubiologie Gibt einen schwachen Geruch ab. Für Hydrokultur geeignet.
Energetische Wirkungen Zentrierend, beruhigend, angst- und krampflösend. Tradition als Heilpflanze. Fördert die Lebensfreude.
Verträglichkeit Die Früchte der *Passiflora edulis* sind essbar, die von *P. caerulea* ungenießbar.

Strauchmargerite
Argyranthemum frutescens

Merkmale Der buschige, asternartige Korbblütler ist ausdauernd und bildet fleißig neue Blütenknospen, wenn man Verblühtes abschneidet. Die Blüten sehen wie kleine Sonnen aus, mit gelbem rundem Köpfchen und einem weißen oder rosa Zungenkranz.
Formensprache Strahlen, Stern, Feder, Zunge.
Farben Blätter grün. Blüten weiß, gelb, rosa.
Größe In der Natur bis 80 cm. Sollte jährlich zurückgeschnitten und umgetopft werden.
Wasserbedarf Reichlich gießen. Keine Staunässe.
Luftfeuchtigkeit Befeuchtend, aber nicht in den Wintermonaten.
Standort Hell und sonnig. Darf im Sommer auf die Terrasse. Im Winter kühl bei 8 bis 12 °C.
Baubiologie Wirkt schallschluckend. Gibt einen schwachen Geruch ab.
Energetische Wirkungen Sonnig, heiter, zentrierend und harmonisierend. Fördert Gesellkeit und gute Laune.
Verträglichkeit Ungiftig.

Topfrose
Rosa

Merkmale Hält im Topf länger als in der Vase. Die Stiele sind mit Stacheln bewehrt.

Formensprache Rosette, Stachel, Zacken, Lanze.

Farben Blätter grün. Blüten sehr variabel.

Größe Vom Schnitt abhängig.

Wasserbedarf Feucht halten. Keine Staunässe.

Luftfeuchtigkeit Befeuchtend.

Standort Hell, sonnig und luftig. Im Winter kühl, aber frostfrei. Darf im Sommer auf die Terrasse.

Baubiologie Strahlensucher. Wirkt schallschluckend. Gibt einen angenehmen Duft ab.

Energetische Wirkungen Symbol für Schönheit, Liebe, Zuneigung, Verehrung, Erotik, Herzenswärme, Weiblichkeit, Achtung und Respekt. Stolze, edle, feine und selbstbewusste Ausstrahlung. Dunkelrote Rosen wirken gefühlvoll, orangerote leidenschaftlich, rosafarbige zärtlich, weiße stehen für Reinheit und Unschuld, gelbe für freundschaftliche Gefühle. Tradition als Heilmittel, Duftquelle und Schönheitselixier.

Verträglichkeit Vorsicht Stacheln. Rosenblütenblätter und die Hagebutten sind essbar.

Zimmerhopfen
Justicia brandegeana

Merkmale Blätter spitzoval, Scheinblüten ährenförmig, an Hopfen erinnernd. Die eigentlichen Blüten an der Spitze sind weiß, hängen wie Zungen heraus und fallen schnell ab.

Formensprache Lanzette, Ähre, Zunge, Herz.

Farben Blätter grün. Blüten weiß. Hüllblätter Gelb-, Rot- und Brauntöne.

Größe Bis 60 cm. Jährlich zurückschneiden, um das Wachstum einzubremsen.

Wasserbedarf Regelmäßig gießen, im Winter weniger.

Luftfeuchtigkeit Befeuchtend, außer im Winter.

Standort Luftig. Hell bis halbschattig. Keine pralle Sonne. Im Winter kühlere Temperaturen um die 15 °C.

Baubiologie Wirkt schallschluckend.

Energetische Wirkungen Wirkt auffällig dekorativ, lebendig und dynamisch. Unterstützt die Entwicklung von Fülle, Wachstum, Reichtum, Lebensfreude und Kommunikation.

Verträglichkeit Leicht giftig.

Ananas
Ananas comosus

Merkmale Blätter lang, schmal und steif, rosettig, über denen die Früchte sitzen. Nach der Blüte bilden sich Kindel, die man abtrennen und neu einpflanzen kann, die Mutterpflanze stirbt.
Formensprache Rosette, Lanzette, Spitze, Ei, Kranz, Stern.
Farben Blätter grün oder gestreift. Blüte rötlich.
Größe Bis 60 cm hoch. Wächst nur langsam.
Wasserbedarf Wenig. Darf besprüht werden.
Luftfeuchtigkeit Braucht eine hohe Luftfeuchtigkeit, verdunstet aber selbst nicht viel.
Standort Warm, hell bis sonnig. Möglichst nicht unter 20 °C. Wintergarten.
Baubiologie Neutral.
Energetische Wirkungen Anregend, erneuernd und zentrierend. Die Früchte haben so viele gesundheitsfördernde Wirkungen, dass sie als Naturheilmittel gelistet werden. Der Saft ist gut für die Haut und Bestandteil von Pflegeprodukten.
Verträglichkeit Die Früchte der echten Ananas sind essbar.

Bananenstaude
Musa acuminata

Merkmale Rasant wachsend. Blätter riesig, fächerförmig. Nach dem Fruchten bilden sich Kindel, die Mutterpflanze stirbt.
Formensprache Fächer, Büschel, Bogen.
Farben Blätter grün. Früchte gelb und rötlich.
Größe 2 bis 9 m, je nach Sorte.
Wasserbedarf Hoch. Keine Staunässe.
Luftfeuchtigkeit Relative Luftfeuchtigkeit mindestens 50 %. Beginnt zu schwitzen, wenn es zu warm ist. Sehr stark befeuchtend.
Standort Helle Dielen und belüftete Wintergärten. Windgeschützte Veranden im Sommer.
Baubiologie Luftreinigend (Formaldehyd). Schalldämmend. Geeignet zum Kaschieren von Raumecken.
Energetische Wirkungen Selbstbewusste, gelassene und großzügige Anmutung mit südländischem Temperament. Für Menschen, die schnelle Veränderungen lieben.
Verträglichkeit Ungiftig. Gelbe Früchte sehr gesund, die der Zierbanane sind ungenießbar.

Chrysantheme
Chrysanthemum × morifolium

Merkmale Der Korbblütler mit den gelappten Blättern, wird oft vorschnell weggeworfen.
Formensprache Feder, Rosette.
Farben Blätter grün. Blüten variabel.
Größe Bis 80 cm.
Wasserbedarf Feucht halten.
Luftfeuchtigkeit Befeuchtend.
Standort Kühl und hell, bis 15 °C.
Baubiologie Luftreinigend (Benzol, Formaldehyd, Xylol, Toluol, Trichlorethen, Ammoniak). Wirkt schallschluckend.
Energetische Wirkungen Symbol für Langlebigkeit, Zähigkeit und Ausdauer. Steht für Unschuld, Heiligkeit, Reinheit, Unnahbarkeit. Der Tee ist in China Alltagsgetränk. In Japan die Blume des Kaisers. Als Geschenk bedeutet sie » Mein Herz ist noch frei «. Das ätherische Öl soll stabilisierend und aufhellend wirken, die Sinne schärfen und den Geist wecken. Erfrischend, abkühlend, zentrierend, entspannend, harmonisierend.
Verträglichkeit Giftig für viele Tiere. Blüten essbar.

Currykraut
Helichrysum italicum

Merkmale Halbstrauch mit schmalen, nadelförmigen Blättern und kleinen, gelben Blütendolden. Das pflegeleichte und mehrjährige Würzkraut gedeiht auch im Zimmer.
Formensprache Nadeln, Dolde.
Farben Blätter grünlich hellgrau, Blüten senfgelb.
Größe Bis 60 cm. Schnittverträglich.
Wasserbedarf Gering
Luftfeuchtigkeit Nicht befeuchtend.
Standort Sonnig.
Baubiologie Parfümiert den Raum und kann Insekten abwehren. Wirkt schallschluckend.
Energetische Wirkungen Die Blätter haben einen an Curry erinnernden Geschmack und können (sparsam) als Küchengewürz verwendet werden. Sie dienen auch zur Herstellung des Immortellenöls für Kosmetik- und Aromaprodukte, haben eine beruhigende Wirkung und warme Ausstrahlung. Vielfältige Wirkungen als Heilkraut in der traditionellen Volksheilkunde.
Verträglichkeit Essbar.

Erdnuss
Arachis hypogaea

Merkmale Blätter rundlich oval, gegenständig. Selbstbestäuber, daher auch im Zimmer Früchte tragend. Die langstieligen, gelben Blüten blühen nur kurz und bilden dann einen Fruchtknoten aus, senken sich zu Boden und bohren sich in die Erde. Der Topf muss ausreichend breit sein, damit die Absenker nicht ins Leere treffen.
Formensprache Ellipse, Flügel, Welle.
Farben Blätter grün. Blüten gelb. Früchte braun.
Größe Bis 60 cm.
Wasserbedarf Wenig. Keine Staunässe.
Luftfeuchtigkeit Mäßig befeuchtend, aber nicht im Winter.
Standort Hell, warm und sonnig. Bodentemperatur mindestens 18 °C. Fußbodenheizung ideal.
Baubiologie Relativ neutral. Leicht schallschluckend.
Energetische Wirkungen Besänftigend, beruhigend und erdend. Die kurvigen, zarten und rundlichen Formen fördern weibliche Energien.
Verträglichkeit Die Früchte sind essbar.

Glücksklee
Oxalis

Merkmale Vierblättriger Sauerklee mit rötlichem, dunklen Fleck in der Mitte und roten Blüten. Der Brasilianische Sauerklee hat rötliche Blätter mit kantigerer Form und rosa Blüten. Wald-Sauerklee mit grünen Blättern und weißen Blüten. Blätter klappen in der Nacht zusammen.
Formensprache Herz.
Farben Blätter grün und rotgrün. Blüten rot, rosa und weiß.
Größe Bis 15 cm. Aufrechte Sorten bis 30 cm.
Wasserbedarf Feucht halten. Keine Staunässe.
Luftfeuchtigkeit Befeuchtend.
Standort Halbschattig, feucht, eher kühl und gut belüftet. Brasilianischer Sauerklee ist nicht winterhart, die anderen beiden auch im Freien.
Baubiologie Strahlensucher. Schallschluckend.
Energetische Wirkungen Wald-Sauerklee wirkt sehr zart und fein. Traditionelle Heilpflanze bei Stoffwechselbeschwerden und ist auch als homöopathisches Mittel erhältlich. Vierblättriger Klee ist ein beliebtes Glückssymbol.
Verträglichkeit In kleinen Mengen essbar.

Hibiskus, Eibisch
Hibiscus rosa-sinensis

Merkmale Die großen Blüten halten nur einen Tag. Die glänzenden Blätter werden bis 10 cm lang, sind elliptisch geformt mit gezähnten Rand und lanzettförmiger Spitze.

Formensprache Ellipse, Zunge, Zacke, Trichter, Lanzette, Säule.

Farben Blätter dunkelgrün. Blüten variabel.

Größe Im Freien bis 3 m. Darf zurückgeschnitten werden.

Wasserbedarf Feucht halten. Keine Staunässe.

Luftfeuchtigkeit Befeuchtend.

Standort Hell, aber keine pralle Sonne. Im Winter nicht unter 10 °C. Im Sommer auch draußen.

Baubiologie Wirkt schallschluckend. Gibt einen schwachen Geruch ab.

Energetische Wirkungen Das ständige Aufgehen und Vergehen der Blüten symbolisiert Verwandlung und Transformation. Unterstützung von Veränderungsprozessen. Traditionelle Heilpflanze, als Tee im Handel. Soll den Kreislauf und den Stoffwechsel ankurbeln.

Verträglichkeit Ungiftig. Die Blüten sind essbar.

Jiaogulan
Gynostemma pentaphyllum

Merkmale Küchenkraut mit fünfteiligen, lanzettförmig zugespitzten Blätter. Die Blüten sind sternförmig, die Früchte schwarz und kugelig.

Formensprache Spirale, Lanzette, Stern, Kugel.

Farben Blätter grün.

Größe Im Freien bis 8 m, im Zimmer bis 3 m.

Wasserbedarf Feucht halten. Keine Staunässe.

Luftfeuchtigkeit Befeuchtend.

Standort Hell bis halbschattig. Warm, aber keine direkte Sonne. Ampelpflanze. Winterhart, aber nicht immergrün. Zieht sich im Winter ein, um im Frühjahr wieder neu auszutreiben. Kann auch im Garten gezogen werden.

Baubiologie Für flächige Begrünungen geeignet. Wirkt schallschluckend.

Energetische Wirkungen Das » Kraut der Unsterblichkeit « hat in China eine lange Tradition als Heilkraut und Stärkungsmittel. Soll beruhigend wirken und gegen Alterserscheinungen helfen.

Verträglichkeit Die Blätter können roh oder gekocht wie Gemüse gegessen werden.

Myrte
Myrtus communis

Merkmale Blätter lanzettlich, Beeren blau-schwarz, kugelig. Die reinweißen Blüten haben strahlenförmige Staubgefäße.

Formensprache Lanzette, Kugel, Strahlen.

Farben Blätter grün. Blüten weiß.

Größe Im Zimmer bis 1 m. Schnittverträglich.

Wasserbedarf Feucht halten. Darf besprüht werden. Ruhephase im Winter.

Luftfeuchtigkeit Befeuchtend, nicht im Winter.

Standort Hell bis sonnig, gut belüftet. Darf im Sommer auf die Terrasse. Wendet sich dem Licht zu und muss gedreht werden.

Baubiologie Wirkt schallschluckend. Duftend.

Energetische Wirkungen Steht für reine und ehrliche Gefühle. Gilt als Symbol für Liebe, Schönheit, Jungfräulichkeit und Fruchtbarkeit. Hat als Brautschmuck Tradition. Reinigt die Aura und erleichtert Erkenntnisprozesse. Wirkt aufbauend und hilft bei der Verarbeitung von Enttäuschungen. Das ätherische Öl der Blätter hat eine Bedeutung als Schönheits- und Naturheilmittel.

Verträglichkeit Alle Teile sind essbar.

Stevia
Stevia rebaudiana

Merkmale Auch Süß- oder Honigkraut genannt. Blätter länglich, gezahnt. Blüten weiß.

Formensprache Zacke, Bogen, Ellipse, Stern, Lanzette.

Farben Blätter grün. Blüten weiß.

Größe Bis 60 cm.

Wasserbedarf Mäßig. Keine Staunässe. Braucht eine Winterpause, wenn mehrjährig, um sich in den Wurzelstock zurückzuziehen.

Luftfeuchtigkeit Mäßig befeuchtend, aber nicht im Winter.

Standort Sonnig bis halbschattig. Nicht zu warm, jedoch mindestens 5 °C. Darf im Sommer auf die Terrasse oder in den Garten, wenn sie im Herbst zur Überwinterung wieder ausgegraben wird.

Baubiologie Wirkt schallschluckend.

Energetische Wirkungen Süß und geschmacksverstärkend, anregend und belebend. Die Blätter werden als gesunder Zuckerersatz verwendet und sind getrocknet mehrere Jahre lang haltbar.

Verträglichkeit Die Blätter sind essbar.

Süßkartoffel, Batate
Ipomoea batatas

Merkmale Kann selbst gezüchtet werden, indem man eine Knolle austreiben lässt und in ein Wasserglas steckt, bis sich Wurzeln bilden. Die herzförmigen Blätter sind eingeschnitten, unregelmäßig gewellt und lanzettförmig zugespitzt. Wenn man eine Ernte erzielen möchte, kann man sie auf der Terrasse in einem Kartoffelturm ziehen. Dann bilden sich unterirdisch neue Knollen aus.
Formensprache Lanzette, Herz, Welle, Spirale.
Farben Blätter grün. Knolle rotbraun.
Größe Früchte bis 30 cm lang. Das Laub hat einen kriechenden Wuchs.
Wasserbedarf Feucht halten.
Luftfeuchtigkeit Befeuchtend, nicht im Winter.
Standort Warm und sonnig. Im Sommer auch auf die Terrasse, nicht winterhart.
Baubiologie Wirkt schallschluckend.
Energetische Wirkungen Die harmonische Blattform mit der geschwungenen Zacken-Silhouette wirkt belebend und dynamisierend.
Verträglichkeit Blätter und Knollen sind essbar.

Zierpfeffer, Zierpaprika
Capsicum annuum

Merkmale Die Blätter sind lanzettförmig zugespitzt; Blüten weiß, klein und sternförmig. Es bilden sich glänzende, längliche Früchte, die relativ klein bleiben. Überwintern möglich, es ist einfacher, sie jährlich neu aus Samen zu ziehen.
Formensprache Spitze, Lanzette.
Farben Blätter grün. Früchte rot, gelb, orange, violett. Blüten weiß.
Größe Bis 60 cm.
Wasserbedarf Mäßig gießen. Keine Staunässe. Darf besprüht werden.
Luftfeuchtigkeit Mäßig befeuchtend, aber nicht im Winter.
Standort Hell und luftig. Nicht unter 15 °C. Keine Zugluft. Darf im Sommer auf die Terrasse.
Baubiologie Strahlensucher.
Energetische Wirkungen Feurige Energien, die dynamisch, anregend und aktivierend wirken.
Verträglichkeit Die grünen Pflanzenteile sind giftig. Früchte von Bio-Pflanzen essbar, die von Zierpflanzen wegen Pflanzenschutzmitteln ungenießbar.

Zitronenverbene

Aloysia citrodora

Merkmale Blätter lanzettförmig zugespitzt. Rispen mit weißen Blüten.

Formensprache Lanzette, Bogen, Glocke.

Farben Blätter grün. Blüten weiß, rosa.

Größe Im Freien bis 2,5 m, im Kübel bis 150 cm.

Wasserbedarf Mäßig. Keine Staunässe. Braucht eine Winterpause.

Luftfeuchtigkeit Mäßig befeuchtend, aber nicht im Winter.

Standort Sonnig bis halbschattig. Im Sommer draußen. Nicht winterhart.

Baubiologie Wirkt schallschluckend.

Energetische Wirkungen Zentrierend, anregend, und entspannend, aber nicht ermüdend. Duftet und schmeckt erfrischend nach Zitrone. Enthält wohlriechende ätherische Öle. Als Tee verdauungsanregend. Der Geruch der Zweige schützt vor Mücken und Insekten. Blätter auch getrocknet zum Verfeinern von Süßspeisen, als Badezusatz oder für Kräuterkissen.

Verträglichkeit Essbar.

Zimmerknoblauch

Tulbaghia violacea

Merkmale Blätter halmartig, Blüten in Dolden auf hohen Stängeln.

Formensprache Glocke, Stern, Halm, Bogen.

Farben Blätter grün. Blüten lila.

Größe Bis 60 cm.

Wasserbedarf Gleichmäßig gießen, im Winter weniger. Keine Staunässe.

Luftfeuchtigkeit Befeuchtend, aber nicht im Winter.

Standort Hell und sonnig. Darf im Sommer auf die Terrasse. Verträgt Zimmertemperaturen auch im Winter, besser sind jedoch 5 bis 10 °C.

Baubiologie Wirkt schallschluckend. Gibt einen intensiven Geruch ab.

Energetische Wirkungen Zarte und filigrane Anmutung, apart, elegant und zentrierend. Naturheilmittel gegen Fieber und Erkältungen sowie zur Stärkung des Immunsystems.

Verträglichkeit Wird wie Schnittknoblauch verwendet, ähnlich scharf, aber nicht ganz so stark riechend. Blätter, Zwiebeln und Blüten essbar.

Zitronengras, Lemongras
Cymbopogon citratus

Merkmale Die langen, immergrünen Blätter biegen sich mit den Spitzen nach unten.
Formensprache Büschel, Halm, Kugel, Bogen.
Farben Blätter grün.
Größe Bis 1 m hoch und 2 m breit.
Wasserbedarf Feucht halten. Verträgt nur kurze Trockenzeiten. Keine Staunässe.
Luftfeuchtigkeit Befeuchtend.
Standort Hell, trocken und warm. Sonnig bis halbschattig. Darf im Sommer auf die Terrasse. Überwinterung bei Raumtemperaturen oder kühler. Verträgt normale Luftfeuchtigkeit, mag es aber gerne feuchter.
Baubiologie Wirkt schallschluckend. Gibt einen angenehmen Duft ab.
Energetische Wirkungen Zentrierend und erfrischend wie Zitronen, mit einem feinen Duft wie Rosen. Aromatische Gewürz- und Heilpflanze mit exotischem Flair. Vielfältige Anwendungen bei Körperpflegeprodukten.
Verträglichkeit Die Blätter sind scharfkantig.

Zitrusfrüchte, Kumquat
Citrus, Fortunella

Merkmale Blüten weiß, süßlich duftend. Manchmal mit Dornen zwischen den lanzettförmigen Blättern. Kumquats sind kleine Zwergorangen.
Formensprache Stern, Lanzette, Ei, Kugel, Spitze.
Farben Blätter grün. Blüten weiß. Früchte gelb, orange.
Größe Im Freien bis 4 m, langsam wachsend.
Wasserbedarf Feucht halten. Keine Staunässe.
Luftfeuchtigkeit Befeuchtend.
Standort Hell, kühl und luftig. Keine trockene Heizkörperluft. Wintergarten. Im Winter frostfrei, bei dunklem Standort nicht mehr als 10 °C, bei hellem Stand auch Zimmertemperatur.
Baubiologie Angenehmer Duft. Wirken schallschluckend. Zum Kaschieren von Raumecken.
Energetische Wirkungen Zitronen und Orangen sind Bestandteil vieler Naturheilrezepte, Körperpflegeprodukte und Reinigungsmittel. Stärken das Immunsystem. Wirken erfrischend, zentrierend und fördern gute Laune.
Verträglichkeit Die Früchte sind essbar.

Weiterführende Literatur

Hähnsen, Heiko: **Gärten gestalten mit der Kraft der Pflanzen**. Kosmos Verlag 2014

Hähnsen, Heiko: **Kraftort Garten.** Gartengestaltung im Einklang mit Mensch und Natur. Kosmos Verlag 2011

Puhle, Annekatrin, Jürgen Trott-Tschepe und Birgit Möller: **Heilpflanzen für die Gesundheit.** Kosmos Verlag 2015

Stumpf, Ursula: **Pflanzengöttinnen und ihre Heilkräuter.** Naturkraft schöpfen, Heilwissen nutzen. Kosmos Verlag 2010

Nützliche Adressen

Atelier für ganzheitliche Raumgestaltung + Europäisches Fengshui
Dipl.-Ing. Irmgard Brottrager
Gottlieb-Remschmidtgasse 9
A-8045 Graz
Tel.: 0043 (0) 316 695259
irmgardbrottrager.npage.at

Bachblüten, Homöopathische Heilmittel
Coogni GmbH
Diemershaldenstr. 13
70184 Stuttgart
www.coogni.de

Arche Noah – Gesellschaft für die Erhaltung der Kulturpflanzenvielfalt
Obere Straße 40
A-3553 Schiltern
Österreich
www.arche-noah.at

Internetadressen

Everyday Feng Shui
Nachhaltig Bauen, Wohnen & Leben
www.everyday-feng-shui.de

Google Plus Community Ökologie + gesunder Lebensstil
Ökologisch denken, bauen, wohnen und leben
plus.google.com/u/0/communities/
105524526641720241288?cfem=1

Momanda
Home of Spirit People
www.momanda.de

Phytodat Gesundheitsdatenbank
Natural Healing, Heilmittel aus Pflanzen
www.phytodat.at

Die Autorin
Irmgard Brottrager ist Dipl. Ing. für Architektur und Innenarchitektur und hat sich auf Europäisches Fengshui, Geomantie, Social Coaching und Body-Fengshui spezialisiert. Sie ist Autorin mehrere Bücher über Europäisches Fengshui und Body Fengshui und gibt in diesem Buch Ihre Erfahrungen und Ihr Wissen weiter.

QUELLEN UND VIELE LINKS Stöbern Sie in Hunderten von Links und Internetadressen zu allen in diesem Buch vorgestellten Themen und Pflanzen http://m.kosmos.de/14902/t1

Register

Die **hervorgehobenen** Seitenzahlen verweisen auf Abbildungen.

SERVICE

IMPRESSUM

Bildnachweis

Mit 160 Farbfotos von

Blumenbüro Holland (27): 9, 11, 25 li, 26 u, 29, 34 u, 49, 50, 51 re, 53, 54, 56 li, 56 re, 63 u li, 66 re, 68, 69 beide, 70, 73, 75 re, 85 re, 88, 89, 92 li, 95 li, 102 re. **Irmgard Brottrager** (Graz (1): 108. **Fauna Press Agency, Hamburg** (2): /Hubert & Klein 36, /The Garden Collection/FLPA 58 li. **Flora Press Agency,** Hamburg (35): /Biosphoto 85 li, Biosphoto /B & G Mèdias 23 o, Biosphoto /Hervè Lenain 107 li, /Buiten-Beeld/G. van Ommering 38 u, /Buiten-Beeld/nico van kappel 39, /Flowerphotos/Gillian Plummer 43, /Flowerphotos/Paul Tomlins 94 re, /gartenfoto.at 58 re, /Gudrun Peschel 55, /GWI 28 li, 100 li, 101 li, 105 li, /Helga Noack 61 u, /John Glover 97 Mi re, /MAP 80, /Nova Photo Graphik/ 48, 93 re, 100 re, 104 re, /Otmar Diez 45 u, 47 u, 59, /Sonja Bannick 30, /Torie Chugg 104 li, /Visions 2/3, 5 li, 6/7, 52 li, 64/65, 81 li, 81 re, 90 re, 91 re. **Flora-dania** (40): 4 li, 10, 14, 15 beide, 17 u re, 22 re, 24 o, 26 o, 28 re, 46, 47 o, 60, 61 o, 63 o re, 66 li, 71 u, 76, 77 o re, 77 u beide, 83 beide, 84 beide, 86 beide, 87 re, 90 li, 91 li, 92 re, 94 li, 98 beide, 99 li, 101 re, 102 li, 103 li, 105 re, 106 re. **Fotolia** (2): /chungking 21 li, /Jakov Filimonov 52 re. **GAP Photos** (13): 31, 33 u, 35 o, 67, /Heather Edwards 33 o, /Howard Rice 51 li, /Jerry Pavia 93 li, /John Glover 38 o, /John Swithinbank 34 o, /Julia Boulton 24 u, /Lee Avison 41, /Pernilla Bergdahl 71 o, /Tomek Ciesielski 32. **Gartenschatz,** Stuttgart (8): 12, 13 re, 40, 42, 44, 45 o, 106 li, 107 re. **Shutterstock** (21): 5 re, 16 , 17 o, 17 u li, 20, 21 re, 23 u, 27 beide, 62, 63 o li, 74, 75 li, 78/79, 82 li, 97 alle außer Mi re, 103 re. **Friedrich Strauß,** Au/Hallertau (5): 22 li, 77 o li, 82 re, 87 li, 95 re. **Andreas Vietmeier,** Münster (1): 25 re. **wikipedia** (5): 13 li, /André Karwath 63 u re, /Georg Slickers 35 u, /Hedwig Storch 99 re, /Stan Shebs 37.

Mit 1 Illustration von **Fotolia**/Lava Lova 57.

Impressum

Umschlaggestaltung von Gramisci Editorialdesign, München unter Verwendung eines Fotos von Flora Press/Visions (Umschlagvorderseite) und Shutterstock (Umschlagrückseite).
Mit 160 Farbfotos und 1 Farbillustration.

Alle Angaben in diesem Buch sind sorgfältig geprüft und geben den neuesten Wissensstand bei der Veröffentlichung wieder. Da sich das Wissen aber laufend in rascher Folge weiterentwickelt und vergrößert, muss jeder Anwender prüfen, ob die Angaben nicht durch neuere Erkenntnisse überholt sind. Dazu muss er zum Beispiel Beipackzettel zu Dünge-, Pflanzenschutz- bzw. Pflanzenpflegemitteln lesen und genau befolgen sowie Gebrauchsanweisungen und Gesetze beachten. Die Blütenfarben sind sortenabhängig, daher können auch Farben auf dem Markt sein, die im Buch nicht genannt werden. Die Blütezeiten sind ebenfalls sortenabhängig, aber auch klima- und standortabhängig. Die angegebenen Wuchshöhen und -breiten der Pflanzen sind Mittelwerte. Sie können je nach Nährstoffgehalt des Bodens variieren. Verschiedene Sorten können deutlich größer oder auch kleiner wachsen als die Art.
Die gesundheitlichen Tipps ersetzen keinen notwendigen Besuch bei Ärzten, Therapeuten oder Heilpraktikern.

Unser gesamtes lieferbares Programm und viele
weitere Informationen zu unseren Büchern,
Spielen, Experimentierkästen, DVDs, Autoren und
Aktivitäten finden Sie unter kosmos.de

Gedruckt auf chlorfrei gebleichtem Papier

© 2015, Franckh-Kosmos Verlags-GmbH & Co. KG, Stuttgart.
Alle Rechte vorbehalten
 ISBN 978-3-440-14902-7
Projektmanagement: Kullmann & Partner GbR, Stuttgart
Redaktion und Bildredaktion: Dr. Folko Kullmann
Gestaltungskonzept: Gramisci Editorialdesign, München
Gestaltung und Satz: Kristijan Matić, Stuttgart
Produktion: Jürgen Bischoff
Printed in Italy / Imprimé en Italie

KOSMOS.
Wissen aus erster Hand.

Dieses Handbuch geht neue Wege: Neben einer Fülle von Tipps und Rezepten, um körperliche wie seelische Beschwerden zu heilen, setzt es den Schwerpunkt auch darauf, die eigenen Gesundheitskräfte zu stärken. In 300 Portraits von heimischen und exotischen Heilpflanzen werden die Anwendungsmöglichkeiten der Heilpflanze in der Pflanzenheilkunde, der Aromakunde und der Homöopathie erklärt. Extra: Schnellfinder für die richtige Hilfe bei Beschwerden.

Puhle • Trott-Tschepe • Möller
Heilpflanzen für die Gesundheit
448 S., €/D 29,99

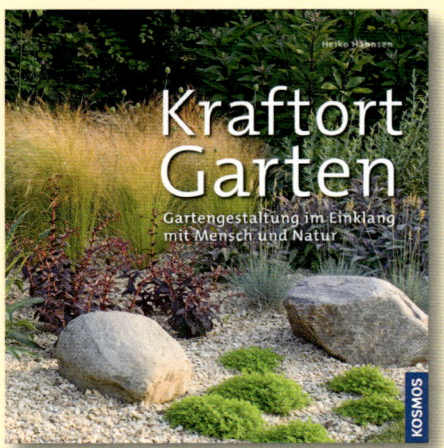

Es gibt Orte, an denen wir uns sofort wohlfühlen, da sie Kraft und Harmonie ausstrahlen. Das Wissen um solche Kraftorte ist uralt, und jeder von uns kann sie spüren. Doch wie entdeckt und gestaltet man sie im eigenen Garten?
Dieses Buch zeigt, wie Sie Ihren Garten beleben und ihn in eine Quelle der Erholung und Kraft verwandeln können. Denn jeder von uns kann seine Wahrnehmung schärfen und sich für seine Umgebung öffnen.

Hähnsen
Kraftort Garten
192 S., €/D 29,95

Jetzt bestellen auf kosmos.de